図工科授業
サポートBOOKS

用具指導から作品展示まで
まるごとわかる！

図画工作
指導のアイデア

50 ideas for guidance of
arts and crafts

Nakamura Ryusuke
中村 隆介 著

はじめに

　今年の10月，16才になった卒業生のⅠ君から，1枚の写真と手紙が届きました。Ⅰ君が6年生の4月から7月にかけて図工の時間に描いた，題材『ココロの色・形』〜「心の中の植物」（本ページ上と表紙袖に掲載）の写真に添えて，次のような嬉しいメッセージを送ってくれました。

　「僕は，この絵を描いているとき，図工の時間が待ち遠しくてしかたありませんでした。自分のもっている全ての力や思いをキャンバスにぶつけるようにして絵を描いていると，今…自分がここにいる…という実感がわいたり，自分の心の中の不安やモヤモヤが消えていったり…とにかく気持ちのよい充実した時間でした。

　16才になった今も，この絵を描いたときの体が震えるような喜びや，自分の中にある様々な思いが色や形になって現れ…その色や形と関わり合って…新しい自分の世界＝自分自身をつくりだす喜びが，今の自分を支えています。

　実は，絵の真ん中にあるつぼみは，描いたときには，何を意味するかはっきり分からなかったのですが，最近，自分は将来，建築デザインの仕事をしたいという夢のつぼみであることを，絵と語り合うようにしてつかみました。これからも，この絵（自分自身）との対話を大切にして，新しい自分を切り開いていきたいと思います…。」

I君にとって，5年前の図工の授業という体験が「感性や想像力を働かせ，対象や事象を形や色などの造形的な視点で捉え，自分のイメージをもちながら意味や価値をつくりだす」学びとなり，人生を豊かに生きる力として今も活用され，これからも探究されると思うと，図工の授業と子どもに関われる幸せを感じるとともに，今日・明日の図工の授業が，I君のように深い体験・学びを，1人でも多くの子どもにもたらす場となっているのか，問い直していかねばと感じます。

　図工の体験・学びが，一人一人に「今・ここ」を生きている実感をもたらし，一人一人の内的世界としての感情・感覚・イメージなどを豊かにふくらませる学びに，また，自分の力で感じ・考え・新たな意味や価値を探索する資質・能力を育む学びになるよう，明日の授業を構想していきたいものです。

　材料準備や場の設定，子どもへの関わり方などの授業のディティールに「この授業で，こんな体験・学びをしてほしい」というメッセージを込め…教師自身の内に存在する＜子ども＞を駆動し…子どもと共に新たな意味や価値・イメージの生成を体験し，驚き・喜ぶ…そんな教師に一歩でも近づき，子どもたちの学びを支える図工の授業を創造したいという願いは，図工と子どもに関わる私たち共通の願いではないでしょうか。

　本書は，子ども一人一人が，今を，未来を豊かに生きることにつながる図工の学びの場を創造するには何が必要なのかをテーマにします。

　子どもが色や形に関わり，新たな自分や世界を切り開く「未知への探索の旅」の主人公となって大いに活躍できるよう願い，私たち教師も，「未知の世界＝子どもと図工と私自身の世界への探索の旅」に出かけ，学びの場づくりの鍵を見つけていきましょう。

　《子どもとは，どのような存在か？　そして，子どもの本質と図工はどのように関わるか？》《教師の願いと繊細な配慮を込めた，題材設定・材料準備とは？》《授業での子ども一人一人の表現やその変化をいかにして見とるのか？》《子どもに尊厳と自由を与える評価とは？》…など，探索の旅の過程で立ち上がる難問は，未知の世界への入り口でもあります。本書は，そのような難問に立ち向かうことで，これまでの授業から一歩ステップアップできるように，模範解答や解決マニュアルではなく，筆者と子どもたちの図工の時間＝未知への探索の旅の過程を具体的に示し，指導のヒントとなる50のアイデアを提供します。

　本書が，子どもたちと先生方の「未知への探索」の指針となり，驚きと喜びに溢れた図工の授業創造と，かけがえのない「私」の「豊かな内的世界」「尊厳と自由」の拡充に向けた生涯の旅に，少しでもお役に立てれば幸いです。

2018年12月吉日　中村　隆介

はじめに …………………………………………………………………………………… 002

1章 授業づくりに向けてのアイデア

1 授業づくりはここから始める〈子どもの世界探索メモ〉のアイデア ………… 010
2 子どもの資質・能力を育てる授業をつくる〈授業デザインメモ〉のアイデア …… 012
3 まずは教師がやってみる 授業づくり共同研究会のアイデア ………………… 014

2章 材料・用具の準備のアイデア

4 子どもにとっての魅力的な材料の見つけ方・集め方のアイデア ……………… 018
5 様々な場所で活用できる〈材料ボックス〉のアイデア ………………………… 020
6 子どもの「つくってみたい」を引き出す〈材料・用具おきば〉のアイデア ……… 022
7 描く活動に自由に取り組める〈イロイロ描画材＆支持体おきば〉のアイデア …… 024

3章 材料・用具の使い方のアイデア

8 土と関わる造形遊びでイメージがたくさん生まれる授業構成のアイデア ……… 028
9 土粘土のもつ可能性を捉える〈土粘土へのアプローチマップ〉のアイデア …… 030
10 紙と子どもがひらきあう，低・中・高学年の授業設定のアイデア ……………… 032
11 クレヨンのよさを実感できる〈クレヨンバイキング〉のアイデア ……………… 034

- 12 パス(コンテチョーク)のよさを自分で見つける授業づくりのアイデア ……………036
- 13 はさみを使うのがもっと楽しくなる授業づくりのアイデア ……………………038
- 14 表したいことに合わせてのり・接着剤が使える〈接着剤コーナー〉のアイデア …040
- 15 簡単な小刀の使い方を身につけ,表現に生かす授業づくりのアイデア …………042
- 16 木切れを使った活動 6年間の育ちを考慮した授業構成のアイデア ……………044
- 17 板材と子どもの関わりを深める授業づくりのアイデア ……………………………046
- 18 釘打ちの活動が楽しくなる〈釘打ちトラブル解決ボード〉のアイデア …………048
- 19 水彩絵の具のよさを実感できる授業づくりのアイデア ……………………………050
- 20 小刀を使うのが楽しくなるマイ・スプーンづくりのアイデア ……………………052
- 21 のこぎりと糸のこぎりのよさを生かせる授業づくりのアイデア …………………054
- 22 目指せ,金づち名人! 金づちの使い方・生かし方の指導のアイデア ……………056
- 23 アルミ針金のよさを実感できる授業づくりのアイデア ……………………………058
- 24 中学年から高学年へ,彫刻刀を使うのが年々楽しくなる授業構成のアイデア …060
- 25 子どもの持ち物を表現の材料にした授業づくりのアイデア ………………………062
- 26 自分の体も表現の材料だ! 体から始まるココロオドル活動のアイデア ………064
- 27 電気・光学機器を授業で生かす〈光や動きへのアプローチマップ〉のアイデア …066
- 28 自分で描画材や用具がつくれる〈開発コーナー〉のアイデア ………………………068

4章 授業導入のアイデア

- 29 子どもをやる気にさせる授業導入の働きかけのアイデア …………………………072
- 30 子どもが「なるほど」「やってみたい!」と感じる〈教師の実演〉のアイデア ………074
- 31 導入時の参考作品・視覚資料の見せ方のアイデア …………………………………076

5章 子どもの活動支援のアイデア

- 32 活動の様子や作品から,子どもが発揮している資質・能力を「見とる」アイデア ……080
- 33 子どもの学びを支える〈見とりメモ〉のアイデア ……082
- 34 子どもをやる気にさせ,夢中にさせる声かけのアイデア ……084
- 35 活動が停滞している子どもへの関わり方のアイデア ……086
- 36 子どもの6年間の学びを支える授業の組み立て方のアイデア ……088
- 37 教室・図工室の外へ子どもの活動を広げる〈場と環境マップ〉のアイデア ……090
- 38 図工の時間と実生活をつなぐ授業づくりのアイデア ……092

6章 作品鑑賞のアイデア

- 39 子どもがすすんで相互鑑賞したくなる,教師の働きかけのアイデア ……096
- 40 相互鑑賞の活動を深める〈お手紙カード〉のアイデア ……098
- 41 作品鑑賞の時間の,教師と子どもの対話を深めるアイデア ……100

7章 授業のまとめ・評価のアイデア

- 42 子どもが「これで満足！」と着地点を見つけられる授業づくりのアイデア ……104
- 43 安易な「先生,できました」への対応のアイデア ……106
- 44 授業を振り返り,言葉にするワークシートのアイデア ……108
- 45 子どもの資質・能力を高める評価のアイデア ……110

8章 片付け・作品保管のアイデア

- **46** 片付けをスムーズに楽しく進める指導のアイデア ……………………… 114
- **47** 作品保管のための空間づくりのアイデア ……………………………… 116

9章 校内作品展示・展覧会のアイデア

- **48** 校内作品展示を充実させる展示スペースづくりのアイデア ………… 120
- **49** 校内展覧会で子どもの作品のよさを生かす空間づくりのアイデア … 122
- **50** 校内展覧会で子どもの作品のよさを生かす展示のアイデア ………… 124

おわりに …………………………………………………………………………… 127

Welcome

1章 授業づくりに向けてのアイデア

> 　子どもが夢中になって活動に取り組み，自らの資質・能力を高め，人生を豊かに生きていくために学ぶことのできる図工の授業…その創出のためには何が必要なのでしょうか？
> 　1章では，その根幹となる3つのアイデアを紹介します。1項－教師が子どものもつ豊かな世界を深く理解する，2項－子どものどのような力を育てるのかを考え，徹底的に授業デザインを練る，3項－実際に材料にふれながら授業づくりを進める。この1～3項に教師が本気で取り組まなければ，学びの場としての豊かな図工の時間は成立しません。そして，この1章・1～3項に何度も立ち戻ることが大切です。
> 　さあ，子どもの世界・図工の世界の豊かさを探索する旅に出かけましょう！

　図工の授業づくりの原動力は，教師の子ども理解です。子どもを未成熟で未発達な存在と捉え，「美術の体系や知識・技能を子どもに伝授し，発達させねば…」と，子ども本来のあり様を無視するのではなく，子ども一人一人のもつ独自な感覚や感情，経験や記憶に接近してみましょう。そこには，有能でかけがえのない一人一人の存在の豊かさが見えてきます。1項では，①子どもの体，②子どものまなざし，③子どもの心という3つの視点から子どもの世界を探る，〈子どもの世界探索メモ〉のアイデアを紹介します。このメモに子どもについての書き込みが増えていけばいくほど，子ども本来のあり様や子どもの力が発揮される授業＝学びの場が充実していくでしょう。

　2項は，1項の子ども理解を踏まえて，〈授業デザインメモ〉に取り組む提案です。是非，〈授業デザインメモ〉の1～5を順番に記入してみてください。子どもの実態と，授業でどのような資質・能力を育てるのかを明確にし，授業のテーマや材料を選択して，材料へのアプローチや材料・用具・場の具体的設定を考えていくと，授業のディティールのどこをとっても，ねらいが反映された豊かな授業のデザインができるようになります。

　3項は，教師が実際にやってみる，授業を体験しながら授業づくりを進める〈共同研究会〉を提案しています。教師は，子ども目線と子どもへの想像力をもって「この材料は，5年生にちょうどいいな」「サイズと量は，これでいこう」「6年生は，きっとこの活動からイメージを広げるな」「A先生の発想，参考になるな」…と材料に関わる活動や教師相互の意見交流を進め，「授業づくり共同研究」を深めていきましょう。研究が深まると，教師は授業のディティールに思いを込め，より具体的に準備ができるようになります。また，授業の楽しさを実感することで，「子どもたちに，この楽しさを伝えたい」「この活動のポイントはこれだな」と，授業に自分の感性を重ね，命を吹き込むことができます。

授業づくりに向けてのアイデア

1 授業づくりはここから始める〈子どもの世界探索メモ〉のアイデア

まず，教師が子どもに近づき，〈子どもの世界探索メモ〉をかいてみよう！ メモに子どもの独自で豊かな感じ方やイメージなどがかき込めたら，メモは授業づくりの原動力となる！

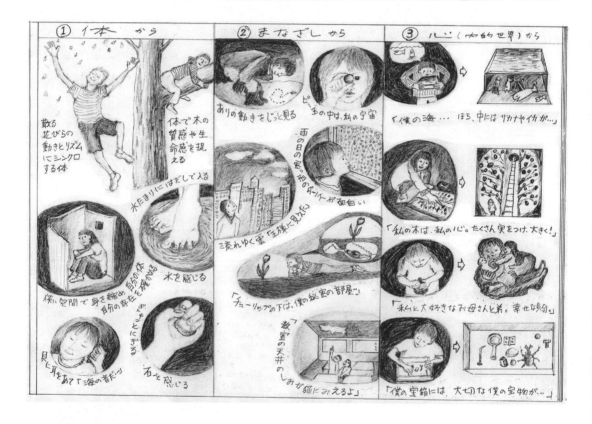

ポイント

①関わる・感じる・認識する…体。子どもの体から探索する。
②純粋に見る・見えないものを見る…まなざし。子どものまなざしから探索する。
③夢中になる・自由を味わう・イメージで遊ぶ…心。子どもの心から探索する。

① **関わる・感じる・認識する…体。**
  子どもの体から探索する。

　風に舞う桜の花びらと一緒に，舞い踊る子どもの体は，子どもの内にある感覚や思いと子どもの外にある桜の存在やその場での出来事を結び付ける共鳴器です。
　子どもは体で世界に関わり，交流し，体で実感することで認識を深めたり，新たな意味や価値を見つけていきます。教師は，子どもの体の動きや体の内で起こっていることに関心をもち，子どもの独自で豊かな力を捉えていきたいものです。〈子どもの世界探索メモ〉の充実は，授業づくりを支える大きな力となるでしょう。

「わぁ，気持ちいい！　こうしていると，わたの中に自分がとけていきそう…！」「わたと私の物語を思いついた！」とわたと体の交流を通して，思いを広げたAさん

② **純粋に見る・見えないものを見る…まなざし。**
  子どものまなざしから探索する。

　既成の価値や概念にしばられず，純粋にものごとを見るまなざしは，とても魅力的です。水たまりの水面をじっと見て「きれいな海」，大きな木を見て「木の中は，私の宝の部屋…」と，自らのイメージを重ねながら，見えないものを見る子どもの見方，まなざしを教師が探索しなけば，豊かな図工の授業はつくりだせません。

ラスコーの洞窟画の鑑賞。目を見開き，食い入るようなまなざしで「神様みたい，すごい力を感じる…」

③ **夢中になる・自由を味わう・イメージで遊ぶ…心。**
  子どもの心から探索する。

　子どもは，有用性の原理で生きているのではなく，「面白い，やってみたい，もっと楽しく…」と，今・ここで発見し感受し創造する瞬間をつかみとるようにして生きています。一人一人の子どもの心（内的世界としての感覚・感情・イメージ・感じ方など）を，色や形に関わり夢中になって表現の場を生きる子どもの姿や表現された色・形から探索していきたいものです。

「真ん中の大きな木の前にいるのは私。いろんな感情が自分の中で変化する感じを表した」と伝えてくれた5年生のBさんの作品「私の5つの感情」

授業づくりに向けてのアイデア

2 子どもの資質・能力を育てる授業をつくる〈授業デザインメモ〉のアイデア

— 5年題材『私の森』を例に

子どもが主体的に活動し，資質・能力を高める授業は，教師が子ども理解を踏まえて，授業の構想を練ることからつくりだされます。さぁ〈授業デザインメモ〉に取り掛かりましょう！

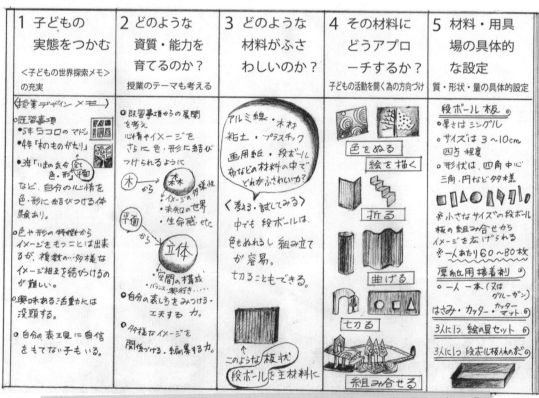

上記の5つの視点から，「子ども理解」と「子どもへの想像」をベースに，具体的に記入しましょう

ポイント

①子ども理解を踏まえ，授業を通してどのような資質・能力を育てるのかを明確にする。
②①を踏まえ，主題と材料を選択し，材料にどうアプローチするのか考える。
③授業の展開と材料・用具・環境をどのように設定するか具体的に考える。

① 子ども理解を踏まえ，授業を通してどのような
資質・能力を育てるのかを明確にする。

〈授業デザインメモ〉の「1　子どもの実態をつかむ」には，子どもたちの実態と既習事項について具体的に記入します。p.10-11の〈子どもの世界探索メモ〉で見つけた子どもの感じ方・見方・イメージなどを踏まえ，次の図工の授業で育てたい資質・能力を明確にすることが，授業づくりの拠り所になります。5年題材『私の森』では，形や色などの特徴を基に自分のイメージを獲得する力や，表したいことを見つけ，形や色や表し方を選択・編集する力を育てたいという願いを，次の図工での子どもの姿を思い浮かべながら「2　どのような資質・能力を育てるのか？」に記入しました。

「森の奥の湖は，透き通った感じに塗ろう」と，表し方にもこだわれる5年生の姿

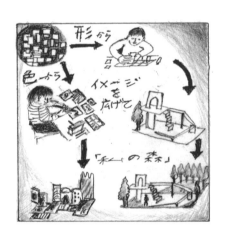

② ①を踏まえ，主題と材料を選択し，
材料にどうアプローチするのか考える。

〈授業デザインメモ〉「3　どのような材料がふさわしいのか？」・「4　その材料にどうアプローチするか？」では，材料の方向性を検討します。本題材では，多くの材料を試し，形の組み合わせと色塗りが容易な段ボール板を材料に選択したことや，段ボール板に「色を塗る」「絵を描く」「折る」「曲げる」「切る」「組み合わせる」などのアプローチが子どもの表現を切り開いていくのではないかと考え記入しました。

③ 授業の展開と材料・用具・環境を
どのように設定するか具体的に考える。

「5　材料・用具，場の具体的な設定」には，材料の質・形状・量や，用具の質，環境（材料・用具の配置，活動の場など）について具体的に考え，記入します。

この授業ディティールの設定は，「こんな力を発揮し，この活動を楽しんでほしい…」という教師から子どもへの重要なメッセージとなります。

授業づくりに向けてのアイデア

3 まずは教師がやってみる 授業づくり共同研究会のアイデア

— 東京都図工専科有志・研究グループ
「ZUKOU CIRCLE」による授業づくり研究会を例に

「子どもを夢中にさせ，力を伸ばす授業」を目指し，教師相互が造形体験を基に学び合う，〈授業づくり研究会〉のアイデアで，明日の授業がもっと楽しみになります！

3年　紙とはさみでつくる授業　　＜授業づくり研究会＞Ⓐ〜Ⓓ

Ⓐ 子どもの実態・育てたい力を探る

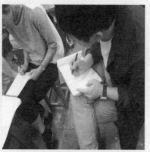

＜授業デザインメモ＞１，２を記入する

Ⓑ 授業のねらい・材料、用具について考える

「様々な紙でためしてみよう」
「この活動なら、子どもの力が発揮されそう…」

Ⓒ 材料へのアプローチを探る

「はさみで紙を切る楽しさを大切にしたい」
「切った紙の形から見立てたり、構成したりするといいな」

Ⓓ 材料・用具・場・授業の流れの具体的設定

よく切れるはさみ　形に焦点が当たるように、黒い紙にする。正方形に切って持ちやすくする　スティックのりが使いやすい、台紙にのりをつけて黒い紙を貼る

＜授業の流れ＞
まず、気持ちよくはさみで紙を切る活動をゆったりと…抽象的な形を次々と切る…
白い台紙の上で見立てや構成をして、自分のイメージをもつ。最後に題名とコメントを書く。

Ⓐ・Ⓑ・Ⓒ・Ⓓの４つの視点から，授業づくりを研究します

ポイント

① Ⓐ，Ⓑで考えた子どもの実態・授業のねらいを基に材料・用具を選べるようにする。
② 選択した材料・用具にどうアプローチすれば，子どもの力が発揮できるかを探索する。
③ 体験を通して，授業の流れや材料・用具・環境の細かな設定をする。

① Ⓐ，Ⓑで考えた子どもの実態・授業の
　ねらいを基に材料・用具を選べるよう
　にする。

　〈授業づくり研究会〉は，対象学年の子どもの実態や，授業でどのような力を育てていくかを共通理解することからスタートです。左ページⒶ，Ⓑを考え，書き出すことができたら，様々な材料の中からどの材料がふさわしいのか，体験と相互交流によって探策していきましょう。本研究会では，色画用紙・京花紙・つや紙・段ボールなどの紙とはさみからどのような授業がつくりだせるかを試し，子どもの実態や子どもの力を生かせる授業の可能性を探りました。

3年生のどのような力を育てるのか，3年生にどのような体験がふさわしいのか，話し合いました

② 選択した材料・用具にどうアプローチすれば，
　子どもの力が発揮できるかを探索する。

　材料・用具へのアプローチを探るには，さわってみる，使ってみる…という体験が必要です。教師は，子どもの目線と柔軟な発想をもって，「こうすると，紙を切る活動に子どもは夢中になりそうだ」「切った紙を台紙の上で構成したいね」…などと材料・用具の様々な要素を試し，次の授業で子どもの力が発揮できる，材料・用具へのアプローチを明確にしていきます。

はさみで紙を切る活動の楽しさ，実感！

③ 体験を通して，授業の流れや材料・用具・環境の
　細かな設定をする。

　3年題材『紙とはさみでつくる授業』では，子どもの手にぴったり収まってよく切れるはさみ・はさみで形をつくる黒い画用紙・台紙用の白いボール紙・スティックのりを使った，紙を切る楽しさを充分に味わい，見立てと構成からイメージをもてる授業のあり方を検討しました。黒い画用紙を選んだのは，台紙とのコントラストが強く形の面白さや美しさを感じやすいからです。また，紙を回して切るので，持ちやすいように15～40cm四方の正方形で用意しました。

材料・用具の準備のアイデア

教師が，材料・用具の特性や扱いに詳しくなると，授業のねらいを基に材料・用具を選択できるようになり，「明日の授業で使う材料・用具の質・形・色・手触り・機能などと子どもとの，出会いや関わりをこのように設定しよう！」…と，子どもの主体的な活動を支える材料・用具の準備ができるようになります。
　教師が，材料・用具の可能性を探り，準備を進めていくと，「この小石，僕の手の中で生きているみたい…」「あー，早くあの材料を使ってみたいな」「そうだ，材料ボックスの〈謎のキカイ部品〉をここにつけよう」…と，子どもと材料・用具の関わりが深まり，子どもの資質・能力が次々と発揮されるようになります。
　さあ，2章・4〜7項のアイデアを指針にして準備に取り掛かり，明日の授業をグッと魅力的にしていきましょう！

　2章では，子どもが材料・用具に主体的に働きかけ・働きかけられる中で自分の思いやイメージを広げていけるように，4〜7項の4つのアイデアを紹介します。
- 4項―材料・用具の見つけ方，集め方
- 5項―様々な場所で活用できる〈材料ボックス〉
- 6項―授業のねらいや育てたい力を考慮した〈材料・用具おきば〉
- 7項―自由に描く活動に取り組めるようにする〈イロイロ描画材＆支持体おきば〉

　この4つのアイデアを生かして子どもの活動を充実させるために，教師は，授業のねらいを踏まえて，材料・用具の選択をすることが大切です。また，子どもへの想像力をもって，材料・用具と子どもの関わりを具体的に想定しながら，〈材料・用具おきば〉の設定や材料・用具の活用方法を考えていきましょう！
　すると，子どもたちは…
4〜教師の用意した小石の中から，自分のお気に入りの小石を夢中になって探し…
5〜様々な材料が入った〈材料ボックス〉から，自分の表したいことに合った材料を見つけ，「これだ！」と歓声を上げ…
6〜材料に働きかける中で「もっと，この形にこだわりたい」「この形から，空を飛ぶ鳥をイメージした」と，思いを広げ…
7〜「私は，春の透き通った雰囲気を表したいから，エンビ板にセロハンやビニールを貼って絵を描いてみたい」と，支持体や描画材を選び…
このように，主体的に表現を展開していきます。

　子どもたちは，材料・用具との関わりの中で，各々の資質・能力を次々と発揮していきます。

材料・用具の準備のアイデア

4 子どもにとっての魅力的な材料の見つけ方・集め方のアイデア

教師は、「子どもにとって、どのような材料が魅力的なのか？」「保護者や地域の方々にどのように協力してもらうか？」を考え、計画的に材料集めを進めていきましょう！

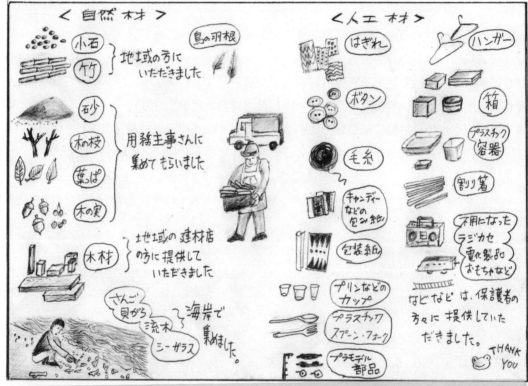

「材料の可能性」を探ってもっと材料に詳しくなり、子どもにとって魅力的な材料をたくさん集めましょう！

ポイント

①子どもの目線で材料を探し、材料にふれ、その特性や扱いに詳しくなれるようにする。
②保護者、地域の方、学校職員に材料提供を呼びかけ、協力してもらえるようにする。
③〈図工材料提供ボックス〉を校内に設置し、保護者に協力してもらえるようにする。

① 子どもの目線で材料を探し，材料にふれ，
　その特性や扱いに詳しくなれるようにする。

「子どもにとっての魅力的な材料」を集めるには，教師が子どもに詳しく，材料に詳しくなければなりません。常に，子どもの目線で材料を探し，材料にふれ，「この材料には，こんなアプローチがふさわしいな」と，材料の生かし方や扱いをしっかり捉えましょう。その上で，材料の質や形状やサイズ，量などを絞り込み，〈材料ボックス〉（次頁から紹介します）に集めていきます。

2年題材『フワフワだっこさん』には，綿を使おう

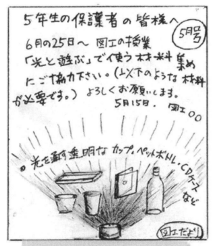

言葉だけでなく，
絵を入れると伝わりやすいです

② 保護者，地域の方，学校職員に材料提供を
　呼びかけ，協力してもらえるようにする。

保護者には，左のように学年だよりや図工だよりで，授業の内容や必要な材料の質，形状，量などを図にして，お知らせしましょう。できれば授業の始まる1か月前にはたよりを出し，余裕をもって材料準備ができるよう配慮します。また，地域の商店や工場などに足を運び，材木や紙や様々な容器などの材料提供をお願いしてみてはどうでしょうか。

③ 〈図工材料提供ボックス〉を校内に設置し，
　保護者に協力してもらえるようにする。

これまでに，大量のうちわ・壁紙の見本帳・様々な紙・ブローチの材料・ガラス・材木・木の実・コルク・流木・多肉植物などを保護者や地域の方に提供していただきました。それらの材料は，子どもたちの表現に活用させていただいた後，展覧会や校内ギャラリーに，感謝の言葉を添えて作品展示するようにしています。玄関や受付付近に〈図工材料提供ボックス〉を設置しておくとスムーズに材料集めがすすみます。

図工室入口にボックスを設置しました

2　材料・用具の準備のアイデア

材料・用具の準備のアイデア

様々な場所で活用できる〈材料ボックス〉のアイデア

多様で魅力的な材料を，廊下でも校庭でも使える〈材料ボックス〉。いつでもどんなときでも自分の表現に使える材料が見つかる〈材料ボックス〉は，今日も大活躍です！

図工室には，常時12～16箱の〈材料ボックス〉が用意されています

ポイント

①持ち運びのできるサイズの箱に材料を入れ，ラベルを貼って用意する。
②子どもの活動を予測し，授業に合わせて新たな〈材料ボックス〉を用意する。
③子どもの目線で魅力的な材料を探し，安全性に配慮して用意する。

① **持ち運びのできるサイズの箱に材料を入れ，ラベルを貼って用意する。**

〈材料ボックス〉は，教室だけでなく廊下や屋上，校庭などで使うので，子どもが持ち運ぶことができるサイズの箱，できれば中身が見える透明な箱がいいでしょう。箱に貼るラベルは，子どもの興味を喚起する言葉，例えば「海のおくりもの」「謎のキカイ部品」「フワフワ一族」…などとし，遊び心をくすぐる〈材料ボックス〉にしましょう。

プラモデルの部品や電子部品が入っています

② **子どもの活動を予測し，材料に合わせて新たな〈材料ボックス〉を用意する。**

〈材料ボックス〉は，授業によって入れ替えたり，新たにつくったりして用意しておきます。例えば，右の写真のように野外での造形遊びの授業では，3箱の〈材料ボックス〉「細い棒一家」「ヒモ・ヒモ・ヒモ」「木の実がいっぱい」が活動場所に運ばれました。

棒やひもを使った，3年生の活動の始まりです

③ **子どもの目線で魅力的な材料を探し，安全性に配慮して用意する。**

教師による材料集めは，「あの子たちは，この材料をどう使うかな？」と，子どもの姿を思い浮かべながら，子ども目線で行いましょう。

前項4でもふれたように，購入しなくても「美しい落ち葉」「いろんな顔の石ころ」「包み紙たち」「カップやキャップ色とりどり」「木の枝イロイロ」…など，子どもにとって魅力的な材料を集め，〈材料ボックス〉を充実させましょう。

材料・用具の準備のアイデア

6 子どもの「つくってみたい」を引き出す〈材料・用具おきば〉のアイデア

子どもの意欲やイメージを引き出すために、材料・用具の質・サイズ・量などを吟味し、活動内容に合わせた〈材料・用具おきば〉を設定しましょう！

2年題材『ふわふわだっこさん』の2回目の授業では、生き物の顔や服などに使う材料を用意しました

ポイント

①授業のねらいや育てたい力、材料へのアプローチを考慮し、授業ごとに設定する。
②常設の〈材料・用具おきば〉、〈材料ボックス〉などを活用できるようにする。
③材料と子どもの関わりを考慮し、材料・用具を入れ替えたり補填したりする。

① 授業のねらいや育てたい力，材料へのアプローチ
　を考慮し，授業ごとに設定する。

　授業のねらいや育てたい力を考慮し，今日の授業で，子どもたちに出会わせる材料・用具の質や量を吟味して〈材料・用具おきば〉を設定しましょう。左ページの写真，2年題材『フワフワだっこさん』の2回目の授業では，綿でつくった生き物に目や洋服やアクセサリーなどをつける活動に合わせた材料を〈材料・用具おきば〉に並べています。また，右の4年題材『アフリカのかたち』では，体育館に大量のブロック状の木切れを置き，体全体で活動を楽しめるよう配慮しました。

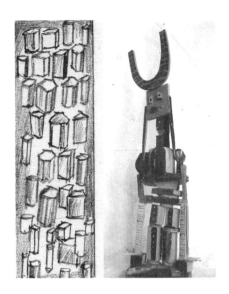

② 常設の〈材料・用具おきば〉，〈材料ボックス〉
　などを活用できるようにする。

　本校の図工室には，常設の〈材料ボックス〉〈開発コーナー〉〈接着剤コーナー〉や，金づちやはさみなどが入った〈材料・用具おきば〉があります。このような常設のおきばがあると，子どもが「あっ，いいこと考えた！」とアイデアをつかんだときに，すぐに材料・用具が使えるようになり，子どもの意欲を高めます。

③ 材料と子どもの関わりを考慮し，材料・用具を
　入れ替えたり補填したりする。

　子どもの活動は，時間の流れとともに変化していきます。「土台の形はできたぞ！　次は，細かな飾りに使う小さな木切れがほしいな」と行動を起こそうとしたときに，〈材料・用具おきば〉に大きなブロック状の材料しかない状態だと，活動が停滞してしまいます。教師は，子どもの活動の展開を予測し，ちょうどよいタイミングで〈材料・用具おきば〉の材料・用具を入れ替えたり，補填したりしていきましょう。

材料・用具の準備のアイデア

7 描く活動に自由に取り組める〈イロイロ描画材&支持体おきば〉のアイデア

いつも画用紙にクレヨンで描くなんてつまらない。「私は，春の気分を白い布に染料で描いてみたい」「僕は，板にアクリル絵の具で」…などの思いを実現させるアイデア！

このように，様々な描画材や支持体が用意されています

ポイント

①子どもの表したいことに合わせて，描画材や支持体を選べる授業を設定する。
②子どもが何に（どんな支持体に）描くか選べるように場の設定をする。
③子どもが何で（どんな描画材や用具で）描くか選べるように場の設定をする。

① 子どもの表したいことに合わせて，描画材や支持体を選べる授業を設定する。

　子どもが自分のイメージや表したいことに合わせて，描画材（水彩絵の具・クレヨン・マーカー・アクリル系絵の具・染料・色砂・どべなど），描画のための用具（刷毛・面相筆・スポンジ・ローラーなど）を選び，どんな支持体（色画用紙・ボール紙・段ボール板・板・布・和紙など）に描くのかを決められる授業では，子どもの主体性や創造性が発揮されます。5年題材『春の夢…』では，〈イロイロ描画材＆支持体おきば〉を活用して，下のような作品が生まれました。

ボール紙の支持体に粘土や絵の具，セロハン，葉っぱで

段ボール板に粘土に混ぜた絵の具で

和紙に墨で「春の風」

塩ビ版に絵の具，新聞紙などで「夢の海」

② 子どもが何に（どんな支持体に）描くか選べるように場の設定をする。

　支持体の質感・サイズ・色・形状などの要素は，表現を方向づけます。例えば，大きな段ボール板には体全体で色を塗り広げたくなり，細長い1mの画用紙には，道や電車などを描きたくなります。「今日は長い紙に，描いてみたい絵を描くよ…」といった教師の提案で始まる授業を低〜中学年で体験した子どもは，①のように自分に合った支持体を選べるようになります。

③ 子どもが何で（どんな描画材や用具で）描くか選べるように場の設定をする。

　描画材や用具を自分で選択できるような〈おきば〉を使いやすく設定します。表現のプロセスで選ぶ描画材は変わるので，〈おきば〉に行くと様々な描画材や用具が見つかるようにしたいものです。また，①で『春の夢…』を描いた5年生のように色砂・接着剤・どべ・ひも・セロハン・木切れなども用意し，「材料で描く」活動へ展開できるようにします。

3章 材料・用具の使い方のアイデア

> 　3章では，学習指導要領（※）第3・2・(6)で示されている，材料や用具について取りあげ，子どもの資質・能力を高めるためには，材料・用具とどのように関わっていけばよいのか，そのアイデアを，著者の実践を例に提示します。1・2章の，子ども・題材・材料・用具への探索でつかんだことを基に，図工の授業という場で，「材料や用具にどのように出会わせるか？」「材料や用具のどのような要素にアプローチさせるか？」「子どもの育ちを支える授業をどう組み立てるか？」について具体案を記述し，〈子どもの学びの姿〉への新たな探索の軌跡を示したいと思います。
> ※平成29年3月告示

　左ページ写真のA君は，黒やこげ茶のコンテチョークを塗り広げた画面に，消しゴムをこすりつけ…白い形を描き出しています。体全体を画面に溶け込ませるようにして一心不乱に表現するA君の姿に心を揺さぶられ，私は息をのんでじっとA君の姿に見入ってしまいました。

　A君の周りの子どもたちも，コンテチョークや消しゴムを使い，自分の表現を力強く切り開いていました。

　このように，「おもしろい！」「もっと，やってみたい！」…と，子どもの意欲を引き出した要因を次にあげてみました。

- ●コンテチョークという材料の〈手で塗り広げられる〉〈消しゴムで消せる〉という要素に4年生をアプローチさせた，教師の働きかけ
- ●自分の「イノチのかたち」という抽象的な形を追求する楽しさ
- ●〈グイグイと力を入れて，形を広げていく〉抵抗感のある活動に挑めるようになったこと
- ●4年生までの『クレヨンでかく絵』（色を塗り重ね，体全体で描く題材）などの既習体験

こういったことが，子どもの旺盛な意欲の原動力になったのではないでしょうか。

　この例のように，教師が材料・用具の使い方への探索を深めると，子どもの意欲や資質・能力が高まり，図工の授業が豊かな学びの場に変わっていきます。

　3章では，学習指導要領第3・2・(6)で示されている材料や用具を，8項〜23項で取りあげています。土，粘土，紙，クレヨン，パス……釘，水彩絵の具，小刀，のこぎり・電動糸のこぎり，金づち，針金などを網羅しました。さらに24〜28項では，彫刻刀，身近にある文具や玩具，さらには自分の体や電気・光学機器，オリジナル描画材や用具がつくれる〈開発コーナー〉を生かした活動のアイデアを紹介します。いずれの材料・用具も，アイデア次第で，子どもの資質・能力をグッと引き出す豊かなメディアに変わります！

材料・用具の使い方のアイデア

土と関わる造形遊びで イメージがたくさん生まれる 授業構成のアイデア

― 3年題材『土といっしょに…』を例に

　土をさわって・ほって・かためて…全身で土と関わるゆったりとした時間を大切にした授業の構成は，子どものイメージを大きくひらきます。

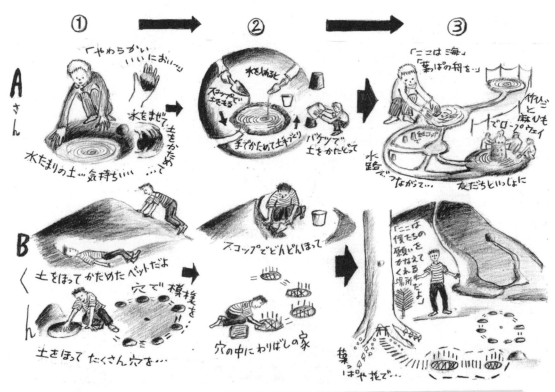

土との交流の時間（①）をたっぷりと設定することで，たくさんのイメージ（②・③）が生まれます

ポイント

①全身で土と関わり，土と交流する，ゆったりとした時間を設定する。
②イメージが生まれてきたら，土との関わりを深めるための材料・用具を提示する。
③より具体的なイメージが生まれてきたら，土に付け加える材料を提示する。

① 全身で土と関わり,土と交流する,ゆったりとした時間を設定する。

様々な生命を育む土にふれ,関わる活動は,子ども一人一人と土との命の交流をもたらします。そんな交流の時間は,子どもの思い・感覚・イメージなどが次々と生まれてくる大切な時間です。全身でゆったりと土に関わる時間から授業をはじめましょう。

3年題材『土といっしょに…』は校庭の木の周りの広場で行いました。土と関わる造形遊びの活動は,風や光などを感じられる野外がふさわしいでしょう。

「土をさわっているとあたたかい気持ちになるね…」
「土はいいにおい…裸足で土の上を歩くとひんやり…」

硬い土も,スコップを使うと「水路ができたよ」
割り箸を使って,「土の穴に家をつくろう」

② イメージが生まれてきたら,土との関わりを深めるための材料・用具を提示する。

①の土との交流活動の中で,一人一人の感覚や行為が基になって,「こうしてみたい!」が見つかってきます。教師は子どもの活動を予測して用意しておいた用具・材料をタイミングよく紹介します。

この授業では,用具としてスコップとバケツ,材料として割り箸と麻ひも,水を提示することで,子どもたちと土との関わりは,さらに深まっていきました。

③ より具体的なイメージが生まれてきたら,土に付け加える材料を提示する。

①②の活動でゆったりと土に関わった子どもからより具体的なイメージが生まれてきます。教師は,自然材の土との調和を崩さない材料(木の実,竹ひご,たこ糸,木切れなど)を用意し,一人一人の表したいことに合わせて材料を提示します。

松ぼっくり,木の実,葉っぱなどの材料で,土のケーキのかざりつけ

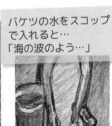

バケツの水をスコップで入れると…
「海の波のよう…」

材料・用具の使い方のアイデア

9 土粘土のもつ可能性を捉える〈土粘土へのアプローチマップ〉のアイデア

土粘土のもつ多様な可能性を教師が捉えなければ，子どもと共に活動の可能性を切り開いていくことはできません。〈土粘土へのアプローチマップ〉をつくり，活用しましょう！

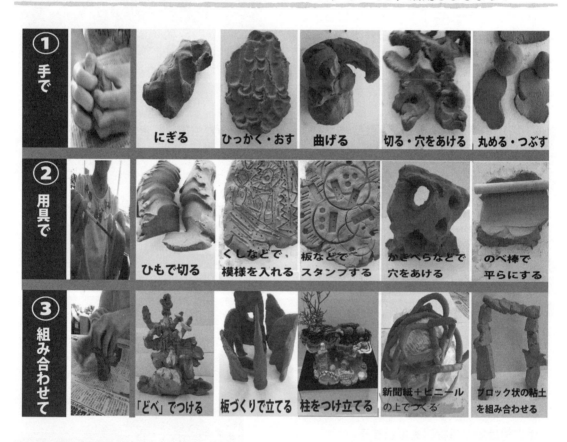

① 手で：にぎる／ひっかく・おす／曲げる／切る・穴をあける／丸める・つぶす

② 用具で：ひもで切る／くしなどで模様を入れる／板などでスタンプする／かきべらなどで穴をあける／のべ棒で平らにする

③ 組み合わせて：「どべ」でつける／板づくりで立てる／柱をつけ立てる／新聞紙＋ビニールの上でつくる／ブロック状の粘土を組み合わせる

ポイント

①手を使って，土粘土にどのような働きかけができるか捉える。
②用具を使って，土粘土にどのような働きかけができるか捉える。
③土粘土を組み合わせ，多様な形をつくりだす可能性を捉える。

① **手を使って，土粘土にどのような働きかけができるか捉える。**

　子どもの手の中で少しずつ温まっていく土粘土，地球の一部でもある土粘土の感触や匂いや可塑性にふれた子どもたちからは，「粘土って生きてるみたい」「粘土にさわられてるみたい」と歓声が上がります。にぎって，おして，形が自在に変容する土粘土と子どもの間には，主客一体の関係が生まれるようです。教師は，子どもと土粘土の「働きかけ・働きかけられる」関わりを大切にした活動を設定したいものです。また，子どもが手のひらや指でたっぷりと土粘土の可塑性や感触を味わえるように，土粘土の適切な「粘性」，手に収まる「量」にも配慮しましょう。

お母さんの愛につつまれた温かい記憶や感情が形となった1年作品「粘土のおやこ」

② **用具を使って，土粘土にどのような働きかけができるか捉える。**

　子どもは，土粘土との関わりを深めると「粘土を切ってみたい，模様を入れてみたい…」などの思いをもつようになります。

　タイミングよく，ひも・竹ぐし・割り箸などの用具を紹介し使い方を見つけられるような活動を設定すると，子どもは用具の効果に驚き，新たな発想を広げる契機をつかんだり，表したいことに合わせて用具をつくりだしたりします。

竹ぐし・かきべらの使い方を工夫してつくられた4年作品「森のアパート」

③ **土粘土を組み合わせ，多様な形をつくりだす可能性を捉える。**

　「どべ」を使って粘土を組み合わせたり，形成方法を工夫したりすると，自分の表したい形がつくりだされます。子どもの手や用具からつくりだされる形・空間構成・奥行き・重なりなどの効果のよさを教師は見とり，活動を支えます。

5年作品「インドア・ガーデン」　　5年作品「像と曲芸師」

材料・用具の使い方のアイデア

10 紙と子どもがひらきあう，低・中・高学年の授業設定のアイデア
― 2年，4年，6年の題材を例に

　柔らかく，軽やかで，変幻自在な材料＝紙は，子どもにとって魅力的な材料です。さぁ，紙と子どもの豊かな関わりを実現し，紙と子どもがひらきあう授業をつくりだしましょう！

低学年『大きな紙とこんなこと』

中学年『紙から生まれた○○』

高学年『ホワイト・オブジェ』

ポイント

①低学年では，全身で紙と関わり，感じたことを基に，活動を展開できるようにする。
②中学年では，切る・組み合わせるなどの操作から多様なイメージをもてるようにする。
③高学年では，紙に働きかけ，自分のイメージ・表し方を追求できるようにする。

① **低学年では,全身で紙と関わり,感じたことを基に,活動を展開できるようにする。**

　低学年の子どもの,全身で対象と関わり,対象と一体になれる能力を生かすには,どのような紙がふさわしいのかを考えてみました。2年題材『大きな紙とこんなこと』では,紙のさわり心地のよさや全身を包み込めるサイズ,手で切ったり丸めたりが容易であること,表面に絵を描くことができることなどの要素をもつ,薄葉紙（80×60㎝）を選択し,1人あたり40枚程度用意しました。授業で2年生はフワフワした大きな紙と戯れ,全身で感じたことを基に,「僕は,鉄棒に紙をぶら下げたよ,紙の上を空中電車が走るんだよ」「私は,雲梯にひも状に切った紙をつけたよ,風にゆれて海の波みたい」…と心と体を踊らせました。

大きな紙でジャングルジムをくるんで

木に紙の扉をつけて…中には？

② **中学年では,切る・組み合わせるなどの操作から多様なイメージをもてるようにする。**

　中学年の子どもたちに,様々な質や形状の紙を紹介すると,紙の質を生かして,折る・切る・つなぐ・固める・組み合わせる…などの操作を見つけていきます。例えば,新聞紙を固めて形づくり,布ガムテープで固定したり,様々な形の紙をホッチキスで組み合わせたりするなどです。

　このような,様々な紙を操作する造形体験が,中学年の子どもの中に,多様なイメージを蓄積させ,イメージ形成能力を高めます。

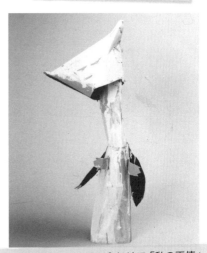
ボール紙を折って,組み合わせて「私の天使」

③ **高学年では,紙に働きかけ,自分のイメージ・表し方を追求できるようにする。**

　低学年では体で,中学年では体と操作でイメージを広げる体験を重ねてきた6年生に,さらに自分のイメージ・表し方を追求してもらいたいと願い,題材『ホワイト・オブジェ』では「白ボール紙・全紙大2～3枚という,操作が限定され抵抗感のある材料にどう働きかけるかを考える」「面白い,美しい,いい感じの抽象的な形を見つける」「自分のイメージ・表し方を追求する」活動を設定してみました。このように,低・中・高学年のカリキュラムを関連づけ,6年間の授業の構造を考慮することで,子どもの学び・育ちを支えていきたいものです。

材料・用具の使い方のアイデア

11 クレヨンのよさを実感できる〈クレヨンバイキング〉のアイデア

クレヨンを思いっきり，思いのままに使える〈クレヨンバイキング〉のアイデアで，子どもたちにクレヨンならではの魅力を実感させましょう！

〈クレヨンバイキング〉に用意されたクレヨンを自由に使える楽しさは，子どもの意欲を引き出します

ポイント

①クレヨンは，周りの紙をはがして3cm程度にし，〈大皿〉に入れて用意する。
②教室の中央に〈大皿〉を置き，友だちの表現が見える導線を設定する。
③クレヨンを運ぶ〈小皿〉や試し描き用の画用紙を用意する。

① クレヨンは，周りの紙をはがして3㎝程度にし，〈大皿〉に入れて用意する。

　紙に包まれたクレヨンを思いきって使うとポキッと折れてしまいます。

　それに紙に包まれたクレヨンは，線で描けても面で描くことができません。

　そこで，教師は用意した共同クレヨンの周りの紙をはがし，3㎝程度に折って〈大皿〉の中にクレヨンを入れ，子どもに思いっきり・思いのままに使えるようにしてあげると…グイグイと色を重ねる楽しさや面で描く楽しさが広がり，次々と子どもの活動がひらきます。

私の太陽，大きくて…優しいよ…

② 教室の中央に〈大皿〉を置き，友だちの表現が見える導線を設定する。

　〈クレヨンバイキング〉を教室の中央に設置し通路をつくると，クレヨンを運ぶ導線で友だちの表現を見ることができるようになります。

　「あっ，A君の力の入れ方スゴイ！」「Bさんは，色を重ねて割り箸でひっかいている」…と友だちの表現を見ることで学び合いが生まれます。

　教師はどの授業においても，子どもの導線・目線に配慮し，子ども相互の学び合いを支えたいものです。

僕は，太陽に包まれてサッカーをしてるよ

③ クレヨンを運ぶ〈小皿〉や試し描き用の画用紙を用意する。

　〈大皿〉のクレヨンは，時間が経つと表面に他のクレヨンの色がついてしまいます。〈大皿〉の横には試し描き用の画用紙を置いて，色を確かめられるようにしておきます。また，バイキングの楽しさを味わえるように，個人用〈小皿〉を用意し選んだクレヨンを運べるようにします。

クレヨンから，10匹のネコが生まれた！

材料・用具の使い方のアイデア

パス（コンテチョーク）の よさを自分で見つける 授業づくりのアイデア

— 4年題材『コンテで見つけた，いいかんじ』を例に

パス（コンテチョーク）の特性や使い方を教わるのではなく，子どもが自分で探索する授業。自分で見つけたコンテチョークの「いいかんじ」から表現を展開するアイデアです！

コンテチョークを手に，画面と一体になるようにして表現する子ども

コンテチョークならではの，多様な魅力が見つかります

ポイント

①コンテチョークを，使いやすいように3cm程度にして用意する。
②様々なサイズの画用紙（20〜60cm四方）を用意し，たくさん試せるようにする。
③子どもが見つけたコンテチョークの使い方や表し方のよさを見とり，言葉かけをする。

① **コンテチョークを，使いやすいように3cm程度にして用意する。**

　授業のスタートで，「黒やこげ茶のコンテチョークと画用紙を使って，面白い発見をしてみよう！」と声をかけ，限定された材料と自分との関わりの中から自分の感じる「いいかんじ」「いい気分」「あっ，きれい」などを発見する活動を進めます。使いやすいように3cm程度にしたコンテチョークを操る子どもの手から，「生き生きとした線」「美しいぼかし」「塗り広げ，塗り重ねられた色の深さ」「面で描いた力強い形」「消しゴムで描いた白い形の魅力」などが出現する時間を大切にします。

　教師は，「A君，この形，いいね」「Bさん，次々と表し方を見つけてるね」…と，子どもとともに発見の喜びを味わいましょう。

色んな表し方を試せるのが，楽しい

② **様々なサイズの画用紙（20〜60cm四方）を用意し，たくさん試せるようにする。**

　画用紙にたくさん試せる安心感，表したいことに合わせて画用紙のサイズを選べる自由度が子どもの活動を活性化します。授業の中盤には，次々に「いいかんじ」を見つけていき，自分の「いいかんじ」に共通するテーマを見つけたり，多様な「いいかんじ」を編集（対比・グルーピング…）したりと，活動が広がっていきます。授業のまとめとして，自分の絵の中から何枚かを選び，構成してタイトルをつけたら，鑑賞会を開きましょう。

タイトルは，「白と黒，昼と夜の語り合い」

③ **子どもが見つけたコンテチョークの使い方や表し方のよさを見とり，言葉かけをする。**

　題材『コンテで見つけた，いいかんじ』では，子どもが主体的にコンテに働きかけ，その関わりの中での自らの感覚やイメージを基に「いいかんじ」をつかんでいくことを大切にしました。教師は，子どもの表現のプロセスに寄り添って，子どもの動き・表情・つぶやき・コンテチョークへの働きかけ・形や表し方の変化をしっかり見とり，一人一人の「いいかんじ」に感情を込めて共感的な声をかけましょう。

材料・用具の使い方のアイデア

13 はさみを使うのが もっと楽しくなる 授業づくりのアイデア
― 3年・6年題材『はさみのアート』を例に

はさみで紙を自在に切る気持ちよさや，切った形の美しさを味わえる授業を設定して，子どもとはさみの関わりを深め，表現の楽しさを広げていきましょう！

紙を楽しく切ったら…切った紙の形から見立てて…

「いろんないきものがいるよ」

「深い森の奥のお城」

ポイント

①はさみの安全でスムーズな扱い方を伝え，紙を切る楽しさを味わえるようにする。
②はさみで描くようにして，様々な形をつくりだす活動の楽しさを味わえるようにする。
③様々な形を基に，見立てたり構成したりして，イメージを広げていけるようにする。

① はさみの安全でスムーズな扱い方を伝え，紙を切る楽しさを味わえるようにする。

　子どもの手の大きさに合う，よく切れるはさみをそろえたら，教師は実演で，はさみの安全な扱い方・紙を動かして切る動作・脇を締め紙を胸の位置まで持ち上げる姿勢を見せ，ポイントを伝えます。ここでは，それらのポイントに加え，はさみで形をつくりだす楽しさや形の美しさを感じられるように実演や言葉かけを工夫しましょう。「はさみで紙を切ると…いい音がするよ」「ほら，こんな形が生まれたよ…」という教師の実演の後，子どもたちの，「気持ちよさそう」「やってみたい」「はさみは，ああやって使うんだ」「あーっ，面白い形」…などの声が聞こえてきたら，導入は大成功です。

3年作品「雨の日の女の子，ふたり」

② はさみで描くようにして，様々な形をつくりだす活動の楽しさを味わえるようにする。

　子どもは，自分の体や手の動きに連動して，多様な形がはさみから生まれてくる出来事に驚き，「面白い」「いい形」「楽しい」と心躍らせます。そんな子どもの姿から，授業を考えてみました。3年題材の『はさみのアート』では，黒い紙（形に焦点をあてるために黒い紙を選択・持ちやすいように15〜40cmの正方形とした）を切って，白い台紙の上で見立てたり構成したりする活動を設定しました。また，6年題材の『はさみのアート』では，様々な色つや紙（8つ切りサイズ）を用意し，形と色からイメージを広げ，構成を考えられる活動を設定しました。

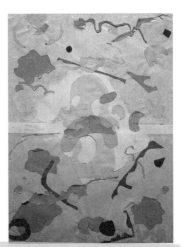

6年作品「やさしい春のまもりがみ」

③ 様々な形を基に，見立てたり構成したりして，イメージを広げていけるようにする。

　『はさみのアート』では，切った紙の形から見立てたり，台紙の上で構成したりしながら，自分のイメージをもてるように，ゆったりとした活動の時間を設定します。
　3年生は，黒い紙の形から「私は，きもちいい風や太陽の光を表そう」とイメージをもち，白の地と黒の図のバランスや対比の効果を考えながら活動を進めました。6年生は，「淡い色の重なりや，曲線の感じから，春の絵にしたよ」と，色つや紙の色や形や手触りから表現を展開しました。

材料・用具の使い方のアイデア

14 表したいことに合わせて のり・接着剤が使える 〈接着剤コーナー〉のアイデア

「この絵に板を貼ってみたい」と，思いついたらすぐに木工用接着剤が手に取れる〈接着剤コーナー〉。他にも，金属用・厚紙用など表したいことに合わせて選べるようにしましょう。

〈接着剤コーナー〉には，木工用・金属用接着剤などが使いやすく用意されています

ポイント

①〈接着剤コーナー〉に用途別に接着剤を置き，使いやすいように工夫する。
②接着剤の用途がわかるように，解説ボードを掲示する。
③授業内容によって，接着剤の使い方を変えられるように用意する。

① 〈接着剤コーナー〉に用途別に接着剤を置き，使いやすいように工夫する。

　子どもが，表したいことを思いついたら，すぐ手に取って使えるように材料や用具置き場を充実させたいものです。この〈接着剤コーナー〉には，紙・段ボール・ビニール・金属・ガラスなどの材料を接着できる接着剤を用途別に用意しておきます。「あっ，いいこと考えた！」「このガラスを貼ろう」と，やりたいことを見つけた子どもが，次々と自分の思いを実現できるよう〈接着剤コーナー〉を設置しましょう。

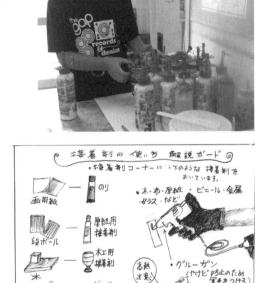

② 接着剤の用途がわかるように，解説ボードを掲示する。

　右図のような解説ボードを用意して掲示し，接着剤の使い方や活用方法を伝えると，子どもは，ボードを参考にして「あっ，この接着の方法で，扉をつけよう」と，発想を広げていきます。また，各種接着剤やグルーガンの使い方も確認することができます。

③ 授業内容によって，接着剤の使い方を変えられるように用意する。

　例えば，大きな画面に木や粘土や布などを貼って表現する，5年題材『凸凹絵画』の場合，右の図のように木工用接着剤を皿に入れ，刷毛で画面につけていきます。

　また，同じ木の工作でも，作品の大きさに合わせて，木工用接着剤の容器のサイズを変えます。例えば，80cm以上ある作品をつくるときは右図Aを，40cm程度のときは右図Bを，20cm程度のときは右図Cを使用しました。容器の種類や，容器の大きさを変えるという，なにげないことですが，このような細部の配慮が子どもの活動を支えます。

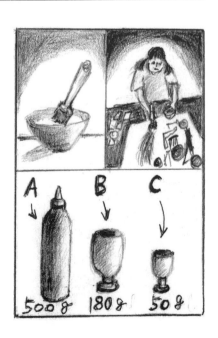

3 材料・用具の使い方のアイデア

材料・用具の使い方のアイデア

15 簡単な小刀の使い方を身につけ，表現に生かす授業づくりのアイデア

— 4年題材『割り箸ペンでかく絵』を例に

はじめは使うのが少し怖かった小刀も，使い方のポイントを知って慣れてくるとサクサクと木が削れて楽しくなります。しかも手づくりの割り箸ペンで絵を描けるなんて，楽しい！

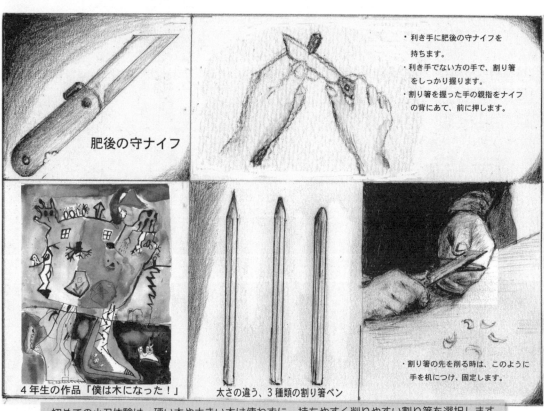

肥後の守ナイフ

- 利き手に肥後の守ナイフを持ちます。
- 利き手でない方の手で，割り箸をしっかり握ります。
- 割り箸を握った手の親指をナイフの背にあて，前に押します。

4年生の作品「僕は木になった！」

太さの違う，3種類の割り箸ペン

- 割り箸の先を削る時は，このように手を机につけ，固定します。

初めての小刀体験は，硬い木や大きい木は使わずに，持ちやすく削りやすい割り箸を選択します

ポイント

①肥後の守ナイフの安全な扱い方を伝え，割り箸ペンをつくることができるようにする。
②割り箸ペンを使い，想像した木を描く活動を楽しめるようにする。
③線の表情にこだわれるよう，ペン先を小刀で削りながら活動を進められるようにする。

① **肥後の守ナイフの安全な扱い方を伝え，割り箸ペンを
つくることができるようにする。**

　子どもにとって，小刀は，さわったことのない危険な印象の用具ですが，扱い方を理解しスムーズに使える楽しさや，自分の表現に生かせる楽しさを味わえるように活動を設定すると，子どもと小刀（ここでは肥後の守ナイフを使用）の関わりは，グッと深まります。教師は，肥後の守ナイフの持ち方・力の入れ方・姿勢・削るものの動かし方・安全な扱い方について実演でわかりやすく伝えるとともに，割り箸の先を細く削ってペンをつくったり，つくったペンの先にインクをつけて線を描く活動の楽しさを伝えましょう。

細・中・太の３種類の割り箸ペン

② **割り箸ペンを使い，想像した木を描く活動を
楽しめるようにする。**

　子どもの身近にある自然。子どもと同様，呼吸し成長し変容し続ける木は，子どもにとって自分の存在を投影しやすい対象ではないでしょうか。また，根や幹や枝，葉や実の多様な形を想像し，木が成長するように線描を進めていく活動は，子どものもつ多様なイメージを自然に引き出していきます。本授業では，太・中・細の３種の割り箸ペンを使い分け，線を描いた後にパステルや水彩絵の具などで，各々の表現を追求していきました。

５年作品「おおきな木の中の暖かい家」

③ **線の表情にこだわれるよう，ペン先を小刀で
削りながら活動を進められるようにする。**

　割り箸ペンから生まれる線の魅力に気づいた子どもたちは，何度もペン先を削りながら活動を進めていきます。「このペンの太さが僕の木にふさわしい」「力の入れ方やペンの動かし方でいろんな線が描ける」など，様々な発見を重ねながら，自分の表し方を見つけ，イメージを広げていく子どもを支えていきましょう。

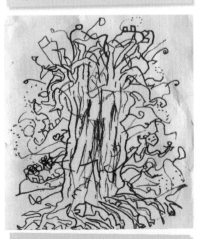
６年作品「僕の不思議な木，命の木」

材料・用具の使い方のアイデア

16 木切れを使った活動 6年間の育ちを考慮した授業構成のアイデア

木切れという材料を使って子どもにどのような体験をさせ，どのような力を育ませるのかを考え，6年間の授業に系統性をもたせる構成のアイデアが，子どもの育ちを支えます。

1年題材『ならべてならべて』

2年題材『つみきランド』

3年題材『トーテムポール』

4年題材『動物タワー』

5年題材『アフリカのかたち』

6年題材『アート・チェアー』

1年〜6年の題材例。子どもたちの育ちを考慮し，系統性のある授業構成をすることが大切です。

ポイント

①低学年では並べる・積む・つくりつくりかえる活動に体全体で取り組めるようにする。
②中学年では多様な形の木切れや他の材料の組み合わせからイメージをもてるようにする。
③高学年では用具を活用したり，木切れの組み合わせの効果を考えて表せるようにする。

① **低学年では並べる・積む・つくりつくりかえる活動に体全体で取り組めるようにする。**

低学年の子どもは、たくさんの木切れにふれて目を見開き、次々と体の感覚をひらいていきます。体で感じ、考える低学年の子どもには、つくりつくりかえながら変化する木切れの形やそこから生まれる多様なイメージとたっぷりと戯れる喜びを味わってもらいたいものです。

右の写真のように、子どもの手に収まるくらいのブロック状の木切れは、板や凹凸のある場所にも並べやすく、積み上げやすい材料なので、砂場や花壇、草原や雪の上などでも活動できます。

「みてみて、地下の世界から山や坂道をのぼって空まで行けるぼうけんランドだよ」と1年生

「やさしい怪獣がみんなを守ってくれる。トーテムポール，CDのぼうし，他にもいろんな材料を使ったよ」と3年生

② **中学年では多様な形の木切れや他の材料の組み合わせからイメージをもてるようにする。**

中学年の子どもは、木切れの組み合わせから生まれる形から「三角形の木切れを組み合わせて怪獣の口をつくり、フォークで舌をつくったよ」などと、木切れや他の材料の組み合わせに、自分のイメージをより細かく投影できるようになります。教師は、木切れの形状や量、他の材料の種類などを吟味し、子どもの活動を支えましょう。

③ **高学年では用具を活用したり，木切れの組み合わせの効果を考えて表せるようにする。**

高学年の子どもには、糸のこぎりや小金づちなどの用具を使い、木切れをつくったり、木切れの組み合わせの効果や構成を追求できるよう働きかけ（多様な木材の準備、アイデアスケッチなど）をします。6年題材『アート・チェアー』では、木材を自分で切って、らせん状に積み上げたり、大きさの違う円をバランスや効果を考えて組み合わせたりする多様な表現が見られました。

「脚は木切れをらせん状に積み上げて、背もたれの円形の形にこだわったよ」

「六角形のは蜂の巣の形、色は蜂蜜の色」と6年生

材料・用具の使い方のアイデア

17 板材と子どもの関わりを深める授業づくりのアイデア
― 5年題材『ヌキイタ・オブジェ』を例に

教師は，板材の組み合わせから生まれる形の面白さや美しさを子どもが実感できる活動を考え，板材の質・形状・サイズ・量などを吟味して授業づくりをしましょう！

板材で大きなオブジェをつくる題材を例に，板材と子どもの関わりを深める授業の進め方を紹介します

ポイント

①題材の内容に合った，質・形状・サイズ・量の板材を用意する。
②スムーズに安全に切る・接合する・組み合わせるなどの方法をしっかり伝える。
③活動を進めやすい場・環境をつくり，活動のプロセスを楽しめるようにする。

① 題材の内容に合った，質・形状・サイズ・量の
　板材を用意する。

　「板材でオリジナルボックスをつくる」「板材で場所に働きかける造形遊びをする」「板材でアートチェアーをつくる」など，題材の内容やねらいによって選択する板材も変わります。5年題材『ヌキイタ・オブジェ』の場合は，「線としての板を，釘でつないでつくりたいオブジェをつくる」という内容と，「板をつなぐ活動から，自分の『いい形』を見つけ，イメージを広げる」というねらいに合わせ，半ヌキ板を1人あたり40〜80本用意しました。半ヌキ板とは幅4.5cm，長さ25〜40cm，厚さ1.2cmの板で，オブジェを線で構成するのによい幅と長さ，釘でとめるのによい厚さをもっています。1人あたりの本数も，体全体で挑める量・スケールになるように多めに設定しました。

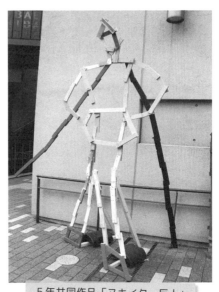

5年共同作品「ヌキイタ・巨人」

② スムーズに安全に切る・接合する・
　組み合わせるなどの方法をしっかり伝える。

　ヌキ板は，あらかじめ25〜40cmに切って用意されていますが，子どもが細かな形や曲線の形にヌキ板を切りたいときは，電動糸のこぎりを使わせます。
　接合・組み合わせは，1.8cmの釘や木工用接着剤を使って進めます。教師は，電動糸のこぎりや金づちの扱いや，釘打ちの工夫，ガムテープで仮どめしてから釘打ちをすると安定しやすいということなどについてしっかりと伝えましょう。

5年作品「ぼくのヘリコプター」

③ 活動を進めやすい場・環境をつくり，
　活動のプロセスを楽しめるようにする。

　この題材は，大きい作品で200cm程になるので，接合・組み立て・色塗りの活動は，廊下や体育館などの広いスペースで行います。活動場所が広く，材料を選びやすい環境があると，活動に集中でき，活動のプロセスを楽しめるようになります。

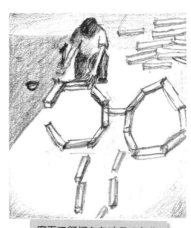

廊下で釘打ちをする5年生

材料・用具の使い方のアイデア

18 釘打ちの活動が楽しくなる〈釘打ちトラブル解決ボード〉のアイデア

「先生，釘が曲がってしまいました」「釘が抜けません」などのつまずきを，子どもが自分で見て解決できる「釘打ちトラブル解決ボード」で，釘打ちの活動はもっと楽しくなります！

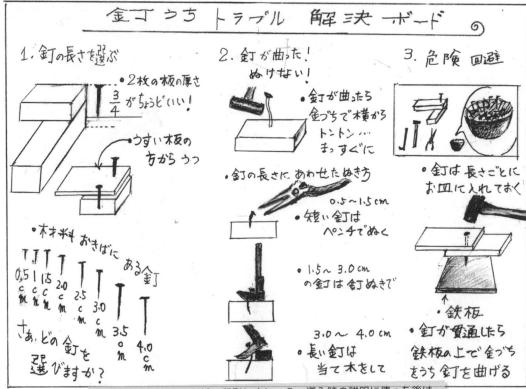

上のような図を大きな紙に印刷しましょう。導入時の説明に使った後は，子どもがいつでも見られる位置に掲示します。

ポイント

①釘の長さの選択が，うまくできるようにする。
②釘を打つとき，抜くときのポイントがわかるようにする。
③釘の安全な扱いがわかるようにする。

① **釘の長さの選択が，うまくできるようにする。**

- 2枚の板を接合する際，2枚の板の厚さの4分の3ほどの長さの釘を選ぶようにします。
- 2枚の板の厚さが違う場合，薄い板の方から釘を打つようにします。

　教師は，〈釘打ちトラブル解決ボード〉を使っての説明や実演で，釘の長さの選び方を伝えるとともに，様々な長さの釘を用意して，子どもの活動を支えましょう。

② **釘を打つとき，抜くときのポイントがわかるようにする。**

　〈釘打ちトラブル解決ボード〉を見ると，曲がった釘を横から金づちでたたいて真っ直ぐにして，もう一度打ち直す方法や，釘を抜く方法（釘の長さに合わせた，抜き方）が示してあるので，ボードを見た子どもは，「よし，やってみよう！」と，ペンチや釘抜きを取りにいきます。

③ **釘の安全な扱いがわかるようにする。**

　釘は，机の上にバラバラに置いたり，床に落としたりすると危険です。釘は，長さごと分けてお皿などの容器に入れて使うようにしましょう。また，2枚の板を貫通してしまった釘は，右の図のように鉄板の上に置き，金づちで打って曲げておきます。

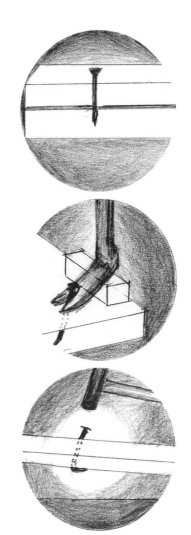

3　材料・用具の使い方のアイデア

ヌキ板を釘打ちで組み合わせた5年作品「サーカスのライオンとピエロ」

材料・用具の使い方のアイデア

19 水彩絵の具のよさを実感できる授業づくりのアイデア
— 5年題材『絵の具でつくる世界』を例に

いつもの水彩絵の具に,もう一度新鮮に関わってみよう！ 5年生の能力を生かせば,多様な表し方が見つかる…水彩絵の具のよさが実感できる！

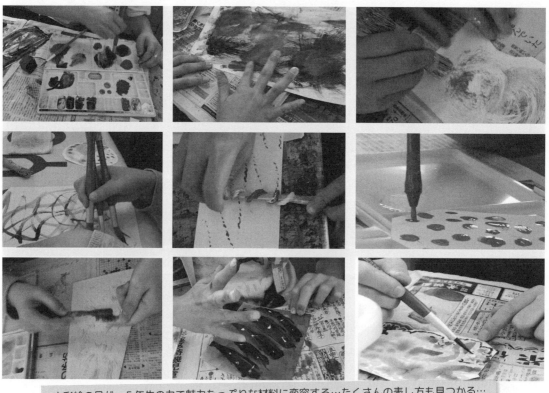

水彩絵の具が,5年生の力で魅力たっぷりな材料に変容する…たくさんの表し方も見つかる…

ポイント

①水彩絵の具で,思いのままに色や形をつくりだす活動の喜びを味わえるようにする。
②小さなサイズの紙にたくさん描ける,オリジナル筆をつくれる,などの工夫をする。
③水彩絵の具の色や形から感じたことを基に,表現のテーマを決められるようにする。

① **水彩絵の具で，思いのままに色や形をつくりだす活動の喜びを味わえるようにする。**

　低，中学年で水彩絵の具の使い方を習得した5年生に，さらに水彩絵の具との関わりを深め，自分の表したいことに合わせて，色の混ぜ方・水の混ぜ方・筆や他の用具の使い方などを自分で発見し，水彩絵の具のよさを実感できる授業を考えてみました。5年題材『絵の具でつくる世界』は，「こだわりの色をつくろう」「面白い，美しい形，抽象的な形を気持ちよく描いてみよう」「どんな表し方をするか？　筆・指・スポンジ・オリジナル筆などでためしてみよう」という提案から活動をスタートしました。

緑色の絵の具がスルスルっと…いい形だ！

② **小さなサイズの紙にたくさん描ける，オリジナル筆をつくれる，などの工夫をする。**

　小さなサイズの画用紙を1人あたり40枚程度用意し，選択できるようにします。大きさは20×30cm程度，形は四角・三角・丸など。厚さや質感も様々なものを用意します。

　このように，材料を量・質ともに充実させ，「失敗しても大丈夫，何度でも試せるよ。画用紙の形やサイズを選んだり，開発コーナーでオリジナル筆もつくれるよ」と提案することで，子どもの意欲的な活動を引き出すことができます。

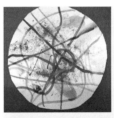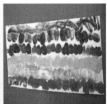
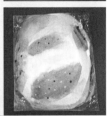
様々な表し方に様々なイメージが込められている

③ **水彩絵の具の色や形から感じたことを基に，表現のテーマを決められるようにする。**

　活動の途中で，「今まで描いた作品を台紙に並べてみて」「じっくり作品を見て感じたことを，カードに書いてみて」と声をかけると，「朝の静かな晴れと雨」「春の風が吹く」などと作品のイメージを言葉にしていきます。活動の後半は，自分のつかんだイメージを基に作品を描き，作品に合う台紙の上に作品を構成して完成です。

A君の「中と外の，うらはらな心」

3　材料・用具の使い方のアイデア

材料・用具の使い方のアイデア

20 小刀を使うのが楽しくなる マイ・スプーンづくりのアイデア

「小刀で木を削って，実際に使えるスプーンをつくろう」と，声をかけると…「難しそうだけど，やってみたい」と，興味津々の6年生。そんな6年生の活動を支えるアイデア！

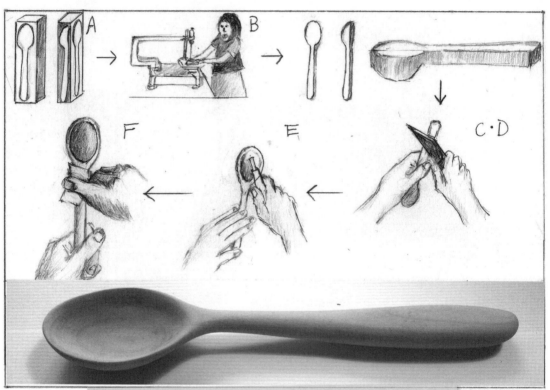

A〜Fの活動の流れや，活動のポイント・留意点をしっかり伝えましょう。
また，集中して安全に活動に取り組めるように環境をつくりましょう！

ポイント

①小刀の安全でスムーズな使い方を伝え，小刀で木を削る活動の楽しさを味わわせる。
②小刀で「マイ・スプーン」をつくることを提案し，活動が楽しくなるよう支援する。
③手づくりスプーンを家で使ってみる。その様子を写真に撮り，みんなで見合う。

① 小刀の安全でスムーズな使い方を伝え，小刀で木を削る活動の楽しさを味わわせる。

　(1)利き手はほとんど動かさず，小刀を支える力のみにする。(2)利き手ではない手で，木に刃をあててゆっくりと前後に動かす。(3)両手の親指どうしは，刃の根本近くでふれ，脇を絞め肘を机に固定する。(1)～(3)の体の動きを教師は実演で示し，体と小刀が一体となってサクサクと木を削ることができる活動の楽しさを伝えましょう。

② 小刀で「マイ・スプーン」をつくることを提案し，活動が楽しくなるよう支援する。

　p.42～43では，4年生が肥後の守ナイフでつくった割り箸ペンで絵を描く活動を紹介しましたが，6年生では，スプーンをつくる題材に発展させます。左ページの図のように，A-ブロック状の木片に，スプーンの形を描き，B-糸のこぎりで上からと横からの形を切り，C-小刀でスプーンの持ち手を削り，D-円形部分の凸面を小刀で削り，E-円形部分の凹面を彫刻刀で彫り，F-最後にサンドペーパーで磨く。A～Fの流れで『マイ・スプーン』（全4時間）の完成です。ブロック状の木は，白木材で幅3.5cm，長さ15cm，厚さ2.0cm。彫刻刀は，丸刀を使用しました。

6年生の手から，様々な形のスプーンが！

③ 手づくりスプーンを家で使ってみる。その様子を写真に撮り，みんなで見合う。

　自分でつくったものが実際に使える楽しさを子どもたちに是非味わってほしいものです。「家に持ち帰って今日から使えるよ」と声をかけると，「私は，コーヒー好きのお母さんにプレゼントしよう」「サラダをとるスプーンにしよう」「早く家族に見せたいな」と，歓声が上がります。自分のつくったものが生活の中で生かされ，家族とのコミュニケーションが広がる授業「マイ・スプーンをつくろう」は，これで終わりではありません。家で活躍するスプーンを写真に撮って，図工の時間にみんなで見合い，生活に生かされる表現の可能性を確かめ合いましょう。

子どもの家で活躍するスプーン

材料・用具の使い方のアイデア

21 のこぎりと糸のこぎりのよさを生かせる授業づくりのアイデア
― 6年題材『アート・チェアー』を例に

高学年の子どもたちは，これまでに身につけた知識・技能を駆使して，表現を追求できるようになります。教師は，子どもの能力や材料・用具のよさを生かせる授業を設定しましょう！

自分のイメージを基に，のこぎりや糸のこぎりを上手に使って形をつくりだせる6年生の，資質・能力の高まりを感じます

ポイント
①のこぎりと糸のこぎりで切る材料を紹介し，材料から椅子の形を発想できるようにする。
②木を切ってつくる形や，切った木を組み合わせた形のよさを追求できるようにする。
③のこぎり・糸のこぎりの，安全でスムーズな扱いのポイントを確認する。

① のこぎりと糸のこぎりで切る材料を紹介し，材料から椅子の形を発想できるようにする。

　高学年の子どもの「つくりだす力」を高めるには，材料にちょうどよい抵抗感をもたせたり，多様な材料の中から選択できる設定をすることが大切です。6年題材『アート・チェアー』では，右の図のような質・サイズ・量の材料を用意することで，材料の特徴から椅子の形を発想したり，のこぎりと糸のこぎりのよさを生かした使い方を考えたり，抵抗感のある材料を加工する楽しさを味わえるようにしました。下の図のアイデアスケッチを見ると，紹介された材料の特徴を捉え，発想していることがわかります。

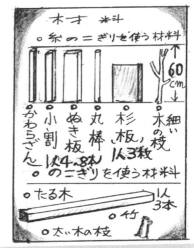

どの材料をどのくらい使うか子どもが決められるよう，人数×上記の数の材料を用意します

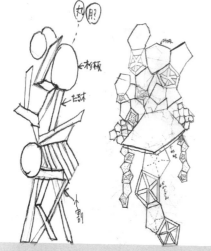

子どものアイデアスケッチ。デザインのポイントは「トータルデザイン」「アシンメトリー」

② 木を切ってつくる形や，切った木を組み合わせた形のよさを追求できるようにする。

　糸のこぎりの扱いに慣れている6年生は，自らの技能を駆使して活動に取り組みます。「杉板でリング状の形をたくさんつくったよ」「小割をブロック状に切って，積み上げよう」「かわらざんを細かく切って，立方体をつくろう」…などと用具や材料のよさを生かして活動を切り開いていきます。教師は，一人一人の活動のよさやつまずきを捉え，称賛の声かけや適切なアドバイスをします。

③ のこぎり・糸のこぎりの，安全でスムーズな扱いのポイントを確認する。

　のこぎりと糸のこぎりの扱いは，教師が実演によって，しっかりと留意点を伝えます。また，糸のこぎりの配置は，間隔を60cm以上とる・子どもの導線を考える・糸のこぎりの後ろの床に立入禁止のテープを貼るなどの安全対策をします。

材料・用具の使い方のアイデア

22 目指せ，金づち名人！金づちの使い方・生かし方の指導のアイデア

3年題材『くぎ人間』，4年題材『小割でつくる○○マン』，5年題材『ヌキイタ・オブジェ』，6年題材『○○小カーペンターズ』から，金づち名人を目指す指導のアイデアを紹介します！

校庭に，自分たちの家を建てる…6年題材『○○小カーペンターズ』

ポイント

①金づちの持ち方，打ち方をわかりやすく伝える。
②金づちで釘を打つ方法や技を，実技を通して伝える。
③金づちと釘を使った作品づくりを楽しめるようにする。

① **金づちの持ち方，打ち方をわかりやすく伝える。**

　子どもたちには，金づちの種類として，げんのう，先切金づち，ネイルハンマーなどがあることや，げんのうの平らな面で釘を打ち，凸面で釘打ちの最後の一打ちをすること（釘を木にめりこませる）などを伝えます。金づちの打ち方は，右図のように，A-肘と手首のスナップをきかせて打ち下ろす，B-柄と腕が一直線になるようにして打つことがポイントです。子どもたちには，地面や砂袋を叩いて，振り下ろしの練習をさせるのもよいでしょう。

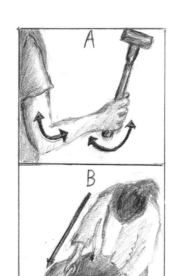

② **金づちで釘を打つ方法や技を，実技を通して伝える。**

　初めての金づちに挑戦する3年生は，6cm程のたる木に釘を打って「くぎ人間」をつくりながら金づちの扱いや釘の打ち方を体で覚えていきます。(1)釘の長さは持ちやすい1.5～2.5cm，(2)板の厚みは3～4cm，(3)指でまっすぐに釘を立て，最初はトントンと音が出るように金づちを使い釘を立てる，(4)釘がまっすぐに立ったら，手で板を押さえ，ドンドンという音が出るように金づちで打つ。(1)～(4)を何度も繰り返しながら，「くぎ人間」をつくります。

「くぎ人間」の例。顔のパーツや手足を釘で表現します。

③ **金づちと釘を使った作品づくりを楽しめるようにする。**

　金づち体験の蓄積で身につけた能力を生かせる題材，体全体で活動を楽しめる題材を3～6年生の実態に合わせて設定しましょう。子どもたちのつくりあげた作品の一部を紹介します。

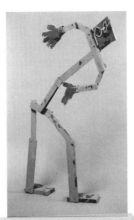

4年題材
『棒からうまれた○○君』

5年題材
『ヌキイタ・オブジェ』

6年題材
『○○小カーペンターズ』

材料・用具の使い方のアイデア

23 アルミ針金のよさを実感できる授業づくりのアイデア
― 5年題材『アルミ針金彫刻』を例に

アルミ針金から生まれる形の豊かさ…空間に軽やかな線を描けるアルミ針金のよさを,実感できる授業を紹介します。タワー型から立て型・吊り型・壁掛け型へ展開するアイデアです。

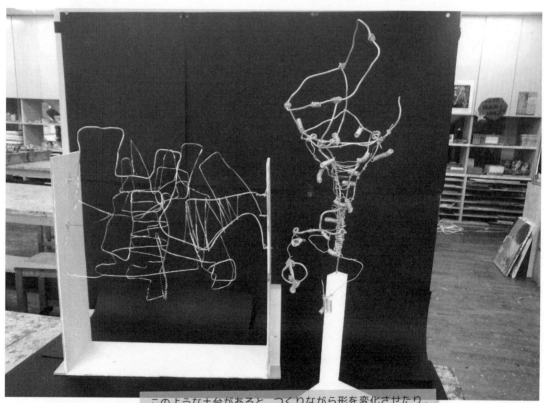

このような土台があると,つくりながら形を変化させたり,様々な角度から見たりできて,活動の楽しさが広がります

ポイント

①立て型・吊り型・壁掛け型などから展示方法を選び,それを基に形を考えるようにする。
②アルミ針金の加工・接合の方法を伝え,構成の楽しさを味わえるようにする。
③展示の土台に作品を取り付け,様々な角度から作品を見ながら制作できるようにする。

① 立て型・吊り型・壁掛け型などから展示方法を選び，それを基に形を考えるようにする。

　アルミ針金タワーをつくる本題材では，タワーを立てるための構造や強度に制限がかかり，アルミ針金ならではの造形的魅力を実感することが難しいと感じます。空間に線描するようにして現れたアルミ針金の形から，自分なりのテーマを見つけ，形へのこだわりをもって活動を進められるように，教師は右のA～Dのような土台を用意し，選んだ土台の特徴を基に形づくりを楽しめるように支援します。

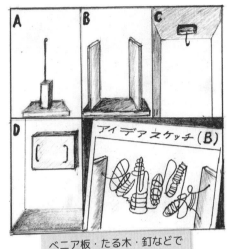

ベニア板・たる木・釘などで土台をつくります

② アルミ針金の加工・接合の方法を伝え，構成の楽しさを味わえるようにする。

　アルミ針金の太さによって，形づくりの可能性は変わります。この授業では，アルミ針金の形をどのようにして接合・構成していくかを子どもが理解し，その技を習得することが大切です。教師は，左のイラストのように，Ⓐ1.0～1.5mmのアルミ針金を15～40cmに切って用意し，多様な形がつくれる楽しさやペンチの扱い，木切れなどによる形どりの方法を伝えます。また，Ⓑ太さ2.0～3.0mmのアルミ針金（長さ30cm程度）2本をⒶで縛って接合したり，アルミ針金2本をペンチで圧着して接合する方法も伝えます。

1.0・1.5・2.0・2.5・3.0mmの太さのアルミ針金を用意しておきましょう

③ 展示の土台に作品を取り付け，様々な角度から作品を見ながら制作できるようにする。

　線を構成するパーツの接合が進んできたら，土台に取り付けます。土台に取り付けて活動をすると，様々な角度から作品を見られるようになり，線の構成への意識や「私の形」のイメージが深まります。「先生，この角度から見ると嵐で，こっちから見るとそよ風だよ」「アルミ針金のダンスだ」「クルクル回る，謎のお城」…と子どもたちは，アルミ針金の形，「私の形」のよさを実感していきます。

材料・用具の使い方のアイデア

24 中学年から高学年へ，彫刻刀を使うのが年々楽しくなる授業構成のアイデア
― 4～6年，彫刻刀を使った授業を例に

彫刻刀で版木を彫る活動が，学年が上がるほどに次々と楽しくなる授業の設定と構成が大切です。子どもの体験を深め能力を高める，4～6年の授業構成のアイデアを紹介します。

①4年題材
『風をほる』

彫刻刀で版木を彫る楽しさを，「風をほる」ように体全体で味わう題材。4年生は「自分が風になったみたい…」と，それぞれの風を表します。

②5年題材
『みんなを守る形』

彫刻刀の種類や彫り方による効果を見つけ，「優しさ」や「力強さ」のあふれる形を探って版木に表す題材。
5年生の「みんなを守る形」の出現です。

①6年題材
『スゴイ！サーカス』

サーカスの躍動感や，人物・動物の重なりや構図，彫り重ねによる色や形の効果を版で表す題材。6年生の表現が深まります。

ポイント

①彫刻刀の扱いを伝え，風や波などの抽象的な形を気持ちよく彫れるようにする。
②彫刻刀の種類や彫り方による効果を見つけ，表現に生かせるようにする。
③形や色のバランスや重なりなどの工夫ができる，彫り進み版画を楽しめるようにする。

① 彫刻刀の扱いを伝え，風や波などの抽象的な形を気持ちよく彫れるようにする。

彫刻刀と子どもとの出会いの授業では，彫刻刀の魅力を伝えることが最も大切です。もちろん，持ち方・力の入れ方・体の使い方・安全な扱い方などについては教師の実演でわかりやすく伝えます。加えて，彫刻刀で版木を彫る感触や彫った形の美しさが感じ取れるよう実演を工夫します。その後，4年生の子どもに「風になった気持ちで，体全体で風の形を彫ってみよう」と声をかけ，自分の風を彫る活動を始めます。風の多様で抽象的な形を，子どもは感覚や体で捉え，抵抗なく表現していきます。

体全体で彫る…4年生

5年生，一人一人の「私の表現！」

② 彫刻刀の種類や彫り方による効果を見つけ，表現に生かせるようにする。

5年生の子どもには，刀の種類によって彫りの形が変わることや，刀への力の入れ方や力の動かし方によって彫りの様々な効果が生まれることを発見させ，自らの表現に様々な効果を生かせるようにします。5年題材『みんなを守る形』では，仏の優しさや力強さを表現するために，彫刻刀を選び，彫り方の工夫をしながら夢中になって活動する姿が見られました。

③ 形や色のバランスや重なりなどの工夫ができる，彫り進み版画を楽しめるようにする。

既習事項を生かせる授業として題材『スゴイ！ サーカス』を設定しました。6年生は彫刻刀の使い方を工夫し，サーカスというテーマならではの躍動感，人物の重なりや構図の面白さを追求し，彫り進め・刷り重ねる度に次々と変化する色と形の美しさや面白さを感じ取っていきました。

6年作品「ゾウとつなひき大サーカス」

3 材料・用具の使い方のアイデア

材料・用具の使い方のアイデア

25 子どもの持ち物を表現の材料にした授業づくりのアイデア

― 3年題材『文具くんのいるところ』，4年題材『おぼえていてね』を例に

Aは子どもの身の回りにある文房具の形や色からの「見たて」から…。Bは子どもが大切にしていた玩具や記念品を集めることから…。「もの」が語る，楽しい授業づくりのアイデア。

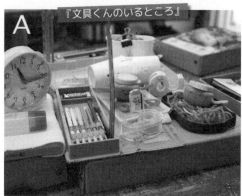

A 『文具くんのいるところ』

B 『おぼえていてね』

身の回りの文具が，こんなに面白い材料に変身するなんて，スゴイ！

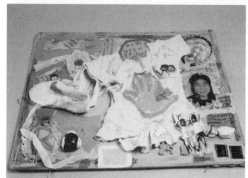

私が大切にしていたものたち…私の思い出がつまっているよ…なんだかしゃべっているようだ

ポイント

① A－ものを「見たて」たり，新たなイメージで捉える活動を楽しめるようにする。
② A－「見たて」から広がるイメージの世界に遊び，イメージの変容を楽しめるようにする。
③ B－大切なものを集め，ものと語り合い，ものに重なる自分を表現できるようにする。

① A －ものを「見たて」たり，新たなイメージで捉える活動を楽しめるようにする。

　子どものもっている文具の中から1つの文具を選び，モールで手足をつけ，セロテープに描いた顔を貼って「文具くん」をつくります。その「文具くん」の特別な場所を教室のどこか（棚・机・椅子の上など）に，文具の色や形を基に「見たて」「組み合わせ」ながら，つくりだしていく授業です。活動のはじめは，子どものもっている筆箱や定規，のりなどを使いますが，活動の途中で，教師からクリップやセロテープホルダー，また，段ボール板や様々な容器やキャップなど文具以外の材料も提供して子どもの活動を支えます。ある子どもは，いつも使っている「のり」から生まれた「文具くん」を，青い道具箱をプールに見たて，白や青のキャップを並べて波に見たて，「冷たい水が気持ちいいな」とつぶやきながら，泳がせていました。このように，「文具くん」と自分を重ね「見たて」から広がる活動に，いつも子どもたちは夢中になって取り組みます。

接着剤の文具くん　　毛糸のベットで休む文具家族　　椅子を利用して秘密の部屋　　文具くんのかくれんぼ

② A －「見たて」から広がるイメージの世界に遊び，イメージの変容を楽しめるようにする。

　またある子どもは，教室の後ろの棚の上に「文具くん」の特別な場所をつくりました。はじめは黄色いセロテープを車に「見たて」ていましたが，プリンカップやキャップの登場で，セロテープは遊具になり，黄色い洗濯ばさみと組み合わせて馬になり…と変化していきました。このように，ものと活動とイメージが関わり合って，次々と変容するプロセスを楽しみます。

③ B －大切なものを集め，ものと語り合い，ものに重なる自分を表現できるようにする。

　4年題材『おぼえていてね』は，自分の大切にしてきた玩具や記念品などを集め，集めたものたちへの思いや，思い出を友だちと伝え合う授業です。また，土台（60×40cmのベニア板）の上に，ものたちを構成・展示して，相互鑑賞し，ものに重なる思いや記憶といった「独自の世界」を見つけ合い，認め合います。二分の一成人式を迎える4年生の，周囲の人々や過去の自分に向けた「おぼえていてね」…の思いを大切にします。

たくさんの思い出の品をもってきたよ

材料・用具の使い方のアイデア

26 自分の体も表現の材料だ！体から始まるココロオドル活動のアイデア

絵の具や粘土と同じように，自分の体だって表現の材料だ！　教師も遊び心をもって，子どもとともに楽しみ，表現の可能性を広げよう！

①自分の体の形をなぞって

②写真に撮った自分の体で

③体を使って表現・鑑賞

ポイント

①自分の体をなぞった形を基に，表現する楽しさを味わえるようにする。
②写真に撮った自分の体から始まる活動の楽しさを味わえるようにする。
③体を使ったパフォーマンスによる表現や鑑賞の活動の楽しさを味わえるようにする。

① **自分の体をなぞった形を基に，表現する楽しさを味わえるようにする。**

　大きな紙の上にうつ伏せになり，ポーズをとった体を友だちにクレヨンでなぞってもらい「分身だ！　スゴイ！　オモシロイ！」と心躍らせる子ども。「これからどうしてみたい？」と声をかけると「切り取って家に持ち帰りたい」「色を塗ってみたい」などとたくさんの「やってみたい」の声が聞こえてきました。こんな場面では，子どもの願いを実現させる魔法使いになって活動の準備をし，子どもとともに魔法のような出来事を楽しめる教師の存在が問われます。

私の体に色をつけ，模様を入れて「分身ワールド」

私の形を切り抜いて，いろんな場所につれていこう！

体育館の天井から，みんなの体で描いた大壁画が…

② **写真に撮った自分の体から始まる活動の楽しさを味わえるようにする。**

　写真に撮った自分の体を切り抜いて，土台をつけて立つようにします。各々がお気に入りの場所に連れて行ってデジカメで記録し鑑賞会をしたり，箱の中に自分の行ってみたい世界をつくって，自分の写真を取り込んでみたり…自分の体から活動の楽しさは広がります。左ページ上段の子ども（4年生）は，鉄棒の上に写真を並べて「ワーッ，こんな高いところで私が遊んでる！」と歓声を上げました。

③ **体を使ったパフォーマンスによる表現や鑑賞の活動の楽しさを味わえるようにする。**

　左ページのように美術作品の鑑賞を深めるために体で表現する活動。体の動きや照明・音楽などを使ったパフォーマンスを友だちとつくりあう活動。どちらの活動にも子どもと教師が体の感覚をひらき，遊び心をもって取り組めるようにしましょう。

ジョージ・シーガルの作品を鑑賞して，感じた人間の孤独感。そこからこんなパフォーマンスが

照明や音楽に合わせて，自分のつくった洋服を披露する「ファッションショー！」

材料・用具の使い方のアイデア

27 電気・光学機器を授業で生かす〈光や動きへのアプローチマップ〉のアイデア

光るものや動くもの…移ろいゆくものに興味津々の子どもたちへのプレゼント！〈機器を使った光や動きへのアプローチマップ〉から，楽しい授業をつくりだしましょう！

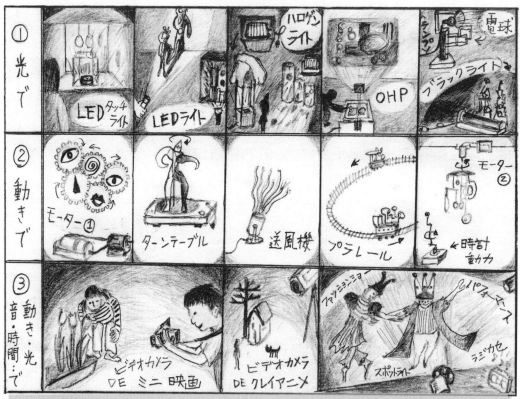

材料や空間をどのように使うか考え，①〜③の視点でまとめると，新たな題材への発想につながります

ポイント

①子どもと「光」の関わりを想像しながら，様々な機器の効果や可能性を探る。
②子どもと「動き」の関わりを想像しながら，様々な機器の効果や可能性を探る。
③子どもと「光と動き」の関わりを想像しながら，様々な機器の活用方法を探る。

① **子どもと「光」の関わりを想像しながら、様々な機器の効果や可能性を探る。**

　機器を使い、光を生かした授業づくりは、教師の材料体験や空間設定から始めます。LEDライトや電球などの効果を確かめ、どのような空間で、どうアプローチするかを探り、〈アプローチマップ〉を充実させると、子どもが、光との関わりを楽しめる授業の構想が広がります。5年生の造形遊び題材『光とあそぶ…』（右写真）では、光と様々な材料から生まれる効果から発想し、移り変わる色や形から自分のイメージをもてるように、一人一人に白ボール紙でつくったブースを用意し、LEDライトの光と色セロハン・透明容器・ひも・アルミ線などで「どんな美しさや面白さを見つけられるか？」を探りました。

「わーっ、これきれい！」白いブースの中で様々な光の効果が生まれる

時計の本体とスチロール容器、アルミ針金で製作した、動く作品の例

② **子どもと「動き」の関わりを想像しながら、様々な機器の効果や可能性を探る。**

　モーターの回転の利用、プラモデルの車や電車などの推進力の利用、送風機の風力の利用…など機器を使った授業の可能性を考えてみてはどうでしょうか？歯車に描いた絵が回転して変わる・ターンテーブルの上のダンサーが回る・モビールが回転する・時計の動力で作品が動くなど、教師は、裏方として装置や材料の用意をし、子どもと「動き」のいい関係を支えます。

③ **子どもと「光と動き」の関わりを想像しながら、様々な機器の活用方法を探る。**

　光や動きの移ろいを基につくる授業は、影遊びやOHPで光の効果を楽しむ活動から展開しましょう。例えば、ビデオカメラで撮った映像と音楽にのせたファッションショーをするのもよいでしょう。また、「風」「炎」などのテーマをもち、光と音と子どもの身体表現でつくるパフォーマンスをしたり、ミニ映画やクレイアニメをつくったり…など、光に「動き」の要素を加えることで、子どもにとっての表現メディアの可能性は広がります。

「炎」をテーマにしたパフォーマンス

材料・用具の使い方のアイデア

28 自分で描画材や用具がつくれる〈開発コーナー〉のアイデア

「さぁ、ここで自分のオリジナル描画材や用具をつくろう！」と子どもに提案した〈開発コーナー〉は大人気。このアイデアから、子どもの主体的な活動が次々と展開します！

子どもたちに、開発コーナーは大人気です。子どもたちの「いいこと考えた！」が、たくさん生まれてきます…。

ポイント

①子どもの主体性を支える〈開発コーナー〉を、水道場近くに設定する。
②オリジナル描画材づくりに必要な材料や用具を用意する。
③オリジナル筆づくりに必要な材料や用具を用意する。

① **子どもの主体性を支える〈開発コーナー〉を，水道場近くに設定する。**

　子どもは，自分の表したいことに合わせてオリジナル絵の具や筆をつくる活動にとても意欲的に取り組みます。「冷静な気持ちを表すために，青い絵の具にニスを混ぜてみよう」「スポンジを丸めて割り箸の先につけて筆をつくろう」と，様々な試みをしながら，自分の表したいことを具現したり，試行錯誤を通して新たな表現の可能性をつかんだりしていきます。そのような子どもの姿を認め，支援する〈開発コーナー〉を設定しましょう！　絵の具やニスなどを思い切り使うことができるよう，水道場近くにするのがいいでしょう。

丸棒に毛糸を巻いて…「ここに絵の具を付けて，画用紙の上で転がしてみよう！」

② **オリジナル描画材づくりに必要な材料や用具を用意する。**

　〈開発コーナー〉に置く描画材の範囲をクレヨン・マーカー・水彩絵の具などに限定せず，ニス・胡粉・アクリル絵の具・たこ染料・どべ・粉絵の具などの材料や，皿・刷毛・スプーンなどの用具を用意しておきます。このような環境を整えておけば，例えば粘土とたこ染料と木工用接着剤を混ぜるなど，マチエール（絵肌）にこだわった描画材をつくる子どもの姿が見られるようになります。

様々な材料の組み合わせから，自分の絵の具や用具が…

③ **オリジナル筆づくりに必要な材料や用具を用意する。**

　5年題材『墨でかく絵』では，自分の心情を墨の濃淡やかすれ，偶然にできた形などを基に表すためのオリジナル筆が生まれました。6年題材『ココロの色・形』では，多様な表し方を試みる活動で，スタンプ・ドローイングなどに使うオリジナル筆が〈開発コーナー〉から数多く生み出されました。

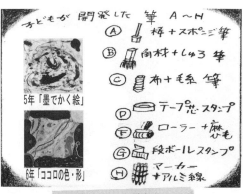
Ⓐ〜Ⓗのような筆から，表現の可能性が広がります

4章 授業導入の
アイデア

図工の授業の導入は，授業の楽しさ・ねらい・ポイント・留意点などが端的に，しかも子どもの腑に落ちるように伝わり，子どもの想像力やつくりだす力が揺さぶられるものでなくてはなりません。
　教師は，授業の構想を練り，材料・用具の準備や場の設定を行ったら，授業の導入での実演や言葉かけ，資料の見せ方などを演劇の演出家になったつもりで熟考しましょう。そして，授業導入の場では，魅力的な演者として堂々と振る舞いましょう！
　授業導入が充実すると…導入後は，子ども一人一人が表現の主役となって大活躍できます！

　4章の29～31項では，どうすれば，子どもが「おもしろそう，やってみたい」と感じ，授業のねらいをつかめる導入が成立するのか？　探ってみることにしました。
　29項，子どもをやる気にさせる授業導入の働きかけのアイデアでは，
- 「この授業を子どもと共に体験する喜び」を実感し，授業に臨む…
- 動作・表情・雰囲気などの非言語メッセージを大切にして，授業の楽しさを伝える…
- 語りかける言葉や子どもとの対話を大切にして，授業のねらいやポイントを伝える…

上記のような教師の働きかけについて，提案します。
　30項，子どもが「なるほど」「やってみたい！」と感じる〈教師の実演〉のアイデアでは，
- 授業のねらいや楽しさを伝えるための実演を考える
- 教師の体や手の動き・表情で活動の楽しさを伝える
- 材料・用具への働きかけを見せ，その特性や安全な扱いを伝える

といった，具体案を示します。
　31項，導入時の参考作品・視覚資料の見せ方のアイデアでは，
- 何を目的に，子どものどのような資質・能力を育てるために見せるのかを考える
- 作品の見せ方を工夫し，作品との新鮮な出会いを演出する
- つくりつつある友だちの作品を見せ，様々な表し方やイメージを紹介する

などの工夫を，いくつかの実践を例に示します。
　これら29～31項のアイデアが，子どもの想像力やつりだす力を揺さぶり，表現の原動力となるよう願っています。さあ，私たち大人も想像力とつくりだす力を携えて，授業導入の充実に向けて探索の旅に出かけましょう！

授業導入のアイデア

29 子どもをやる気にさせる授業導入の働きかけのアイデア

授業導入の短い時間に，教師は「やる気にさせる」メッセージを子どもたちに送りましょう。
導入のメッセージで子どもたちを，未知への探索の旅に送り出しましょう！

導入での教師と子どもたちの交流は，よく見える・聞こえる・伝わる配慮が必要です

ポイント

①授業を子どもとともに体験する喜びを，教師自身が感じて授業導入に臨むようにする。
②言葉や動作を吟味したり，演出を考えたりしてメッセージを端的に伝えるようにする。
③子どもとの対話の中で，授業のねらいやポイントをつかめるようにする。

① 授業を子どもとともに体験する喜びを，教師自身が感じて授業導入に臨むようにする。

　教師が「この活動は楽しい，子どももきっと喜ぶはず」と思えない授業の導入は，生気のない活動マニュアルの説明でしかありません。逆に，子どもの世界について深く思い，授業デザインを考え，試作をして授業導入に臨めば，子どもたちは「先生なんだか楽しそう…今日はどんな冒険が始まるか楽しみ」「なるほど…先生みたいに絵の具を使うのもいいな…」と，教師の非言語的なイメージ（表情・しぐさ・雰囲気など）を受け止め，活動への意欲を高めます。

② 言葉や動作を吟味したり，演出を考えたりしてメッセージを端的に伝えるようにする。

　教師は，導入で何をどの順番で，どのように見せたり言葉にしたりするか？　まるで，演劇の演出家のように熟考し，シナリオを書いてみてはどうでしょうか。言葉やしぐさの順番がよくなかったり，言葉が足りなかったり冗長だったりして，子どもの活動が深まらなかった経験が私にもあります。授業の導入で，メッセージを端的かつ魅力的に伝えることのできる教師でありたいものです。教師は，演出家であると同時に，魅力的な演者でなくてはならないのです。

4年題材『アフリカのかたち』では，アフリカ美術館をつくり，その場で導入

③ 子どもとの対話の中で，授業のねらいやポイントをつかめるようにする。

　5年題材『私の森』では，授業のはじめに深い森の入り口の写真を子どもたちと鑑賞して，そこでの対話の中から授業のねらいやポイントをつかめるように，導入を考えました。写真を見た子どもからの「神秘的…」「たくさんの動物の鳴き声が聞こえてきそう」「なんだか，静かな気持ちになる…」などのたくさんの言葉を受け，対話を深め，「今日は，みんなが話してくれたような森の入り口の奥の世界を想像しながら絵を描いてみよう」「複雑で生命感あふれる森と，自分の複雑な心を重ねて絵を描いてみよう」と提案して，活動に移りました。

授業導入のアイデア

30 子どもが「なるほど」「やってみたい！」と感じる〈教師の実演〉のアイデア

〈教師の実演〉がうまくいくと、授業のねらいやポイント、授業の楽しさや留意点がしっかり伝わります。「なるほど」「やってみたい！」と、子どものスイッチが入ります。

「ほら、こうやってパスの色を染み込ませると…」「うわーっ、きれい！」

ポイント

①授業のねらいやポイントを伝えるため、何をどう見せるのかを考える。
②教師が活動の楽しさを味わっている姿、体や手の動きや表情を見せる。
③材料・用具への働きかけを見せ、材料・用具の特性や安全な扱いについて伝える。

① 授業のねらいやポイントを伝えるため，
　何をどう見せるのかを考える。

　〈教師の実演〉は，模範ではなく授業のねらいやポイント，「この授業では，こんな力を発揮してほしい」という教師の願いを短い時間で，子どもが見て感じて腑に落ちるように伝えることが目的です。教師は，子どもの反応を予測し何をどう見せるかを考えます。実演の時間は長くても4分です。右の写真の5年題材『土でかく絵』を例にとると，4分で次の4点が伝わるように実演しました。（1）体全体で土を画面に塗る活動の楽しさを伝える。（2）土の手触りや土の凸凹，土の色の変化などから感じたことを基に表したいことを見つけていくことを伝える。（3）土がしっかり画面に定着する塗り方を伝える。（4）5種類の土や用具の使い方のヒントを伝える。

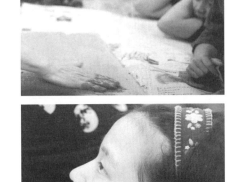

4年題材『土でかく絵』導入

② 教師が活動の楽しさを味わっている姿，
　体や手の動きや表情を見せる。

　教師が喜びを感じない授業には，子どもたちは興味をもちません。〈教師の実演〉によって活動する喜びが伝わるかどうかが重要です。ダラダラと長い時間実演するのはよくありません。一瞬の手や体の動き，表情，心の動きによって大切なメッセージを子どもに伝えましょう。4年題材『木の物語』の導入では，静かに見守る子どもたちの中で，割り箸ペンにつけたインクで教師がスーッと線を描くと「きれい！」，線が画面に広がると，「色んな性格の線だ」という声が上がりました。

4年題材『木の物語』導入

③ 材料・用具への働きかけを見せ，材料・用具の特性や安全な扱いについて伝える。

　〈教師の実演〉は，材料の質や特性に興味をもたせる契機にもなります。例えば，教師の指の動きによって様々な形に変容する土粘土を見て，子どもは，瞬時に「指の動かし方で形が変わるんだ」「柔らかくて気持ちよさそう，やってみたい！」と意欲をもち，材料の特性をつかみます。材料・用具の安全な扱いについては，持ち方・動かし方を実際に見せ，留意点を伝えます。

授業導入のアイデア

31 導入時の参考作品・視覚資料の見せ方のアイデア

導入時に子どもたちに見せる作品は，到達目標としての作品ではありません。「この作品をこのように見せると子どもの○○な力が発揮される」と予測し，見せ方を工夫しましょう！

『土でかく絵』では，洞窟画の資料20枚を黒板に貼って…暗室の壁にライターの光で絵が見えてくる…

題材『私のジャングル』では，ジャングルの写真を机に置いて

題材『ゲルニカを見て』では，作品を拡大して壁に展示して

ポイント

①何を目的に，子どものどのような資質・能力を育てるために見せるのかを考える。
②作品の見せ方を工夫し，作品との新鮮な出会いを演出する。
③つくりつつある友だちの作品を見せ，様々な表し方やイメージを紹介する。

① 何を目的に，子どものどのような
　資質・能力を育てるために見せるのかを考える。

「参考作品を見せると，作品の影響が大きくて，みんな同じような作品になります。どうすればいいですか？」という質問を受けることがあります。そんなときは，授業のねらいと，子どものどんな力を伸ばしたいかを考え，そのためにどんな作品をどう見せるかということを軸に考えることをおすすめします。例えば，5年題材『土でかく絵』の場合，太古の人々が洞窟で描いた絵の神秘性・力強さ・土の色の美しさを実感できるような資料を選択しました。具体的には，ラスコー，アルタミラ，タッシリ・ナジェール，カカドゥなどの洞窟画20枚を黒板に貼り，子どもたちと出会わせました。この出会いは，「太古の人々が描いた洞窟画を見て感じたことを基に，土で思いを込めた絵を描く」という授業のねらいの実現にしっかりと結び付きました。

題材『土でかく絵』から，
5年作品「私の願い」

② 作品の見せ方を工夫し，
　作品との新鮮な出会いを演出する。

選んだ洞窟画の見せ方も工夫しました。教室を暗室にし，右の写真のように教師がライターの光で絵を照らし，洞窟の中で絵に出会うような演出をすると「わっ，スゴイ…神様がいるみたい」「光がゆれると動物が動いてるみたい」などと，感嘆のつぶやきが聞こえてきました。他にも，作品や資料との出会い方は多様です。「作品の一部だけ見せる」「一瞬だけ見せる」「一人一人見せる」「カードにして見せる」など工夫して，子どもの活動を開いていきましょう。

資料や作品を照らすと，
子どもの歓声が…

③ つくりつつある友だちの作品を見せ，
　様々な表し方やイメージを紹介する。

表現のプロセスでは，友だちの表現にふれ，学び合う体験を大切にしたいものです。授業の途中に，友だちの作品を見ると，意欲が高まり，自分の「やってみたい」が見つかります。

5章 子どもの活動支援のアイデア

授業導入が終わると，教師は演出家・演者からスイッチを切り替え，表現の主役である子どもたちの活動の渦の中に溶け込んで，一人一人の活動にピッタリと身を重ねていきたいものです。教師は図工室や教室のどこにいるのかわからないけど，グルグルと子どもたちの中を動き周り，「おっ，スゴイ！」「この色いいね」「さっきまでと違う表し方を見つけたね」…と，子どもたちとともに息をのみ，驚嘆している……そんな教師こそ，子どもの活動をしっかりと支える教師，子どもをやる気にさせる〈見とり〉や〈声かけ〉が自然にできる教師ではないでしょうか。

　5章では，子どもへの〈見とり〉や〈声かけ〉の具体例を挙げながら，ポイントを示すことに加え，子どもの活動を支えるアイデアとして，36項 - 6年間の授業の組み立て方，37項 - 学校の様々な場の生かし方，38項 - 図工の時間と実生活の時間のつなぎ方，について取り上げ，子どもの活動（学び・表現）が，時間・空間に広がり・つながる可能性について提案します。

　「今日の活動のめあては，『水彩絵の具の使い方を工夫して表そう！』だよ」と，始まる授業に想像力・創造力をもった教師が〈子どもの目線〉と〈授業への思い〉をもって関われば，子どもは自分の感じ方や表し方に自信をもって活動に取り組み…「あっ，いいこと考えた！」「この色の変化，気に入った」「スポンジで描いてみよう」…と，夢中になって表現のプロセスを切り開き，自分の心情やイメージなどを色や形に結びつけていきます。

　このような授業を目指し，教師は「子どもの表現したものは，その子そのもの」であることを，しっかりと捉えて**子どもの活動支援の可能性を探索する旅**に出かけましょう。「子どもの表現したものは，その子そのもの」と捉えた教師は，子どもの姿・子どもの表した色や形・子どもの言葉などからたくさんのメッセージを，〈見とり〉・聴きとることができるようになります。そして，子ども一人一人にピッタリな〈声かけ〉もできるようになります。

　しかし，それだけでは探索の旅は深まりません。教師が，日々の授業での子どもの姿や表現との関わりから学び続け，授業づくりの根幹・本書1章の〈子どもの世界探索〉〈授業デザイン〉〈授業づくり研究〉に何度も立ち返って，自らの授業を問い直し続けていくことが必要です。そして，何より教師自身の豊かな想像力・創造力が必要不可欠です。

　子どもとともに息をのみ，驚嘆できる教師の想像力，子ども一人一人に深い学びの体験を与えることのできる教師の創造力が，明日の授業づくりの原動力です。

　さあ，自身の想像力・創造力を揺さぶり，たなびかせて…子どもとともに学び，子どもとともに「今・ここ」を豊かに生きていきましょう！

子どもの活動支援のアイデア

32 活動の様子や作品から，子どもが発揮している資質・能力を「見とる」アイデア

子どもの活動を支え，大きく開いていくためには教師の「見とり力」が必要です。「見とり力」をアップするには，まず教師自身の内なる「子ども性」を呼び起こすことから始めましょう。

「おっ，先までの木の積み方と変えたんだ」　「はい」
「この木のブロックを横にしたのがいいね」　「このほうが，かっこいいから」
「うん，かっこいい。とてもいいバランスだ」　「ありがとうございます」
「これからどう変わるか，楽しみにしてるよ」

ポイント

①教師が子どもの世界に共感し，子どもの目線でともに驚き・悩み・喜ぶ。
②体・手・目の動き，表情，つぶやき，材料・用具への働きかけなどから見とる。
③子どもの表現のプロセスを捉え，形や色，表し方の変化から見とる。

① 教師が子どもの世界に共感し，子どもの目線でともに驚き・悩み・喜ぶ。

　子ども一人一人の世界に共感できる教師，自分自身の内なる「子ども性」を駆動できる教師は，しっかりと子どもの発見や驚き，イメージの生成や表現の喜びを見とることができます。教師の「見とり力」は，精神の自由と鋭い感受性に支えられた「子ども性」と「子ども目線」をもたなければ獲得できません。

② 体・手・目の動き，表情，つぶやき，材料・用具への働きかけなどから見とる。

　子どもの世界に共感できる教師は，子どもから発せられる非言語の情報を感受できるようになってきます。「くい入るように画面を見る」「慎重に筆を動かす」「自分で用具をつくる」…などの一瞬に子どもの力を見とれるようになります。目に見える色や形の変化や完成した作品からの見とりだけでなく，子どもの目線，つぶやき，表情，行為などの様子から一人一人の資質・能力を見とります。

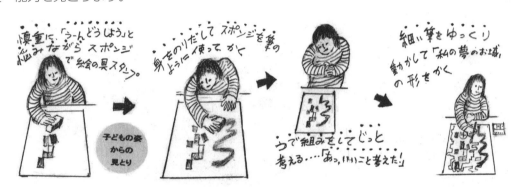

③ 子どもの表現のプロセスを捉え，形や色，表し方の変化から見とる。

　子どもの目線で，子どもに身を重ねるようにして，表現のプロセスを何度も見ていくと，一人一人の色や形へのこだわりや表し方の工夫が伝わってきます。子どもの表す色や形の変化を追うことは，子どもの思いや感覚，イメージの変化や深まりを追うことでもあります。教師の「お，さっきの色から青に変えたんだ。とてもきれいな青だね…」といった見とりが重要です。
　さらに，子どもの表現に接する際，以下に示すA～H（子どもの表現から発信される造形言語）に注目し共感できるようになると，教師の「見とり力」はグンと高まります。A－手や体全体に伝わる感触等の体性感覚の現れ。B－素材（クレヨン・絵の具・マーカー等）を操作するときの身体的運動の現れ。C－速度などの時間的な意識の現れ。D－リズムなどの音楽的な感覚の現れ。E－擬音語や擬態語のような表現。F－味覚・聴覚など他の感覚との共有の現れ。G－色彩そのものに対する刺激（色彩と感情の結びつき）による現れ。H－メタファー（隠喩）の生成・うつろい・つながりの現れ。

子どもの活動支援のアイデア

33 子どもの学びを支える〈見とりメモ〉のアイデア

― 3年題材『段ボールにかく絵』の〈見とりメモ〉を例に

子どもの姿・作品・言葉を切り口に〈見とり〉を進めてみましょう！〈見とりメモ〉が充実すると、子どもと教師の学びが、グッと深まります。

Aさんの 見とり メモ		
子どもの姿から	作品の色・形・表し方、その変化から	つぶやきや発言から
● 段ボール板の下の部分に青い絵の具を両手でぬり広げている。踊るようにしてぬり、絵から離れ、じっと見て次の活動を考えている。 ● 画面上に、筆を軽快に動かし、二筆毎に腕をふり上げリズムをきざんでいる。(画面と一体) ● 共同絵の具おきばに行って、次に使う色をしばらく考えている。 ● 気に入った色を4色、机に並ぶ。 ● 描く部分によって、刷毛や丸筆を使い分けている。 ● 何度も絵から離れ、じっと考え「よしっ!」と次の表現に移っている。 ● 活動が始まって30分過ぎた頃から、画面にのめり込むような姿勢になり、夢中になる。	● 青に少し緑を混ぜて、色をつくり、両手でぬり広げる。 ● 筆に茶色と黒をつけ、画面にちりばめるようにしてぬる。(夜空) ● 青がかわいたのを確かめ、リビングの形を黄緑色で描く。(刷毛で) ● 丸筆でリビングの椅子を5脚 ていねいに描く。(5人家族) ● 5つの椅子の真中のテーブルに毛糸を貼って「家族の食べるパスタ」←(いいアイデア) ● リビングの周りに、父と母を描き、さらにイメージを広げる。 ● 夜空に赤とオレンジの虹。指でぬり広げる。(幸せな虹?) ● 面相筆で虹の上に自分の姿を描く。ゆっくり筆を動かす。 ● パステルで幸せオーラを描く。(暖色を選ぶ)	● 「先生、気もちいい」 ● 「青っていい色」 ● 「大好きな青で、大好きな家族をかこう」 ● 「絵をかいていると 暖かい気分」 ● 「家族のことを考えると、幸せで空を飛んでる感じになる。 ● 「5人家族、1人は赤ちゃん……きのうの夜はパスタ……」 ● 「おとうさんは 大きなスプーンをもってるよ」 ● 「虹も幸せな色にしよう」 ● 「今日の絵の題名は〈あたたかい家〉。幸せであたたかい絵になったので 大満足」

3つの観点から、授業中にどんどん書き込んでメモを作成していきます

ポイント

①手や体を動かしながら考えている、子どもの姿を「見とる」ようにする。
②作品の色・形・表し方やその変化から「子どもにとっての意味」を「見とる」ようにする。
③子どものつぶやきや発言に耳を傾け、言葉に込められた思いを「見とる」ようにする。

① **手や体を動かしながら考えている，子どもの姿を「見とる」ようにする。**

　3年生のAさんは，自分の体と同じ位の大きさの段ボール板を選び，まず大好きな青を画面の下に両手で塗り広げました。「先生，気持ちいい」…絵から少し離れ，じっと画面を見て…（5秒位，腕組して）「よし，わかった！」と茶色や黒の共同絵の具をもってきて…筆を軽快に動かし踊るようにして塗っていきました。その後も，絵から離れじっと考え，次の表し方を決めていったAさんの手や目や体の動きから，Aさんの学びの姿を「見とり」，左ページのように〈見とりメモ〉に記入していきました。

Aさんの体・目・手の動き，選んだ色，表し方に注目します

② **作品の色・形・表し方やその変化から「子どもにとっての意味」を「見とる」ようにする。**

　Aさんは大好きな青から，大好きな家族をイメージし…みんながそろう8時頃の夜空の色を塗り…次に空から俯瞰した家のリビングを黄緑の枠で描き，そこに5つの椅子を描きました（5人家族のみんなの椅子）。次に描いたのは，リビングの左右のお父さんとお母さん…そして，夜空に赤とオレンジの虹，虹に乗ったAさんが「いま，いくよ」と笑顔で「あたたかい家」を見ています。このように，色・形・表し方やその変化から，Aさんの感情やイメージを「見とる」ことが大切です。

Aさんの作品は，Aさんそのものです

③ **子どものつぶやきや発言に耳を傾け，言葉に込められた思いを「見とる」ようにする。**

　「先生，気持ちいい」と絵を描き始めたAさんは，「絵を描いているとあたたかい気分になる」「家族のことを思うと，幸せで空を飛んでる感じになる」「虹も幸せな色にしよう」などと多くの言葉をかけてくれました。それらの言葉から，Aさんの豊かな内的世界を感じ・想像しながら〈見とり〉を深めていきました。

虹の上に立つAさん。
表現することで，また新しいAさんが生まれました。

子どもの活動支援のアイデア

34 子どもをやる気にさせ，夢中にさせる声かけのアイデア

子どもをやる気にさせ，夢中にさせる，教師の「声かけ」は，授業のねらいを明確にすることと，子どもの活動を受けとめ理解・共感の言葉を伝えることで，グッと改善されます！

ポイント

①授業の様々な場面での「ねらい」を伝え，「ねらい」に合わせて「声かけ」をする。
②「発問」「指示」「理解・共感」の3つの「声かけ」の性質を，意識して使うようにする。
③子どもの活動を受けとめた「理解・共感」の「声かけ」で，やる気にさせるようにする。

① 授業の様々な場面での「ねらい」を伝え，「ねらい」に合わせて「声かけ」をする。

　図工の授業で子どもをやる気に，夢中にさせる「声かけ」は，授業の導入の活動，展開の活動，まとめの活動などの場面で，「この場面では，こんな力を発揮してほしい」という教師の願いを明確に伝えていなければ成立しません。教師の願い，授業のねらいをつかみ理解して活動する子どもの姿を「見とり」「声かけ」するように意識すると，一人一人の活動のどこを受けとめ，どのように「声かけ」すればいいのかわかるようになり，その「声かけ」で，子どものやる気を大きく引き出せるようになります。

　２年題材『石をならべて…』（造形遊び）の題材を例に説明します。この題材のねらいは「小石を並べる活動に全身で取り組み，面白さや楽しさを味わおう」です。そのねらいを達成するために，校庭で活動する前の導入で，教室の床に四つ切りの黒い紙（１人１枚）を置いて，その上で白い小石（１人20個）を渡し，次のように伝えました。「石をさわって仲良くなろう…そして20個の石を黒い紙の上に置いてみよう，どんな置き方や並べ方が見つかるかな？」

　教師のその言葉を聞いて活動する子どもに「手の中で石が温かくなってるね，生きてるみたいだね」「さわりごこちいいね！」「その並べ方，いいね」「石を大きい順に置いたんだね」などと，教師が授業冒頭で伝えたことを読み取り活動する様子を，**そのまま言葉にして返してあげたり，子どもの感じていることを言語化してあげたりするような「声かけ」**をします。

　教室での活動の後，もう一度題材のねらいを確かめて校庭に出ます。たくさんの石を手に全身で活動する子どもには，「木の周りを囲んだね，面白いね」「何度も石の並べ方を変えているね…どう変わるか楽しみ」「校庭に降りてきた，雲のイメージだ，スゴイ！」など，**その場面や行動に応じた共感的な「声かけ」**をすることで，子どものやる気を引き出すことができます。

②「発問」「指示」「理解・共感」の３つの「声かけ」の性質を，意識して使うようにする。

　もちろん，図工の時間の「声かけ」は，理解・共感の「声かけ」だけでは成立しません。授業の内容や方法，活動の流れなどを明確に伝える指示の「声かけ」や疑問型の投げかけによって，子どもの中から意見を引き出す発問の「声かけ」も大切です。授業が終わったら，３つの「声かけ」の性質を意識した，バランスのよい「声かけ」ができていたか？　問い直してみましょう。

③ 子どもの活動を受けとめた「理解・共感」の「声かけ」で，やる気にさせるようにする。

　子どもの表現活動に同意・理解・共感しながら，子どものしていることを承認する「声かけ」は，子どもをやる気・夢中にさせます。しかし，「いいね」「面白いね」などと声をかけるだけでは，子どもの心を動かすことはできません。教師が，細部を見とる力をもち，授業の場面・ねらいをふまえて子どものよさを探し，子ども一人一人の存在の豊かさに教師の存在を重ねるようにすると，感情のこもった「理解・共感」の「声かけ」ができるようになります。

子どもの活動支援のアイデア

35 活動が停滞している子どもへの関わり方のアイデア

子どもがどのような理由で活動を止めているのか？ 鋭く「見とり」ましょう。そして，一人一人の子どもへの想像力をもって，適切な関わり方を見つけていきましょう！

表現の過程で立ち止まって考えているG君

「よし，わかった！」と両手を広げるG君

ポイント

①立ち止まって考えているのか，どうしようもなく行き詰まっているのかを見極める。
②友だちの表現や，材料・用具の操作を参考にして，次の活動を展開できるようにする。
③作品の色・形などを手掛かりに言葉をかけ，次の活動について一緒に考えるようにする。

① 立ち止まって考えているのか，
　どうしようもなく行き詰まっているのかを見極める。

作品の一部を見て考え…

「よし！」と心が開かれる瞬間

　この場面でも，教師の〈見とり力〉が試されます。

　目の前の子どもが，パレットの中の絵の具をじっと見て次に使う色について思いを巡らせているのに，「どうしたの？　まず，描いてみなさいよ」などと言ってしまうと，ゆっくりと考え，自分の力で答えを見つけようとしている子どもは，意欲を失ってしまうでしょう。

　このように，子どもが立ち止まって考えているのか，どうしようもなく行き詰まっているのかを見極め，じっと見守るのか，適切な働きかけをするのか，瞬時に判断しなければなりません。

② 友だちの表現や，材料・用具の操作を参考にして，
　次の活動を展開できるようにする。

　どうしようもなく行き詰まっている子どもを，その姿から見とれたら，その子どもの感覚や表現の特徴などを思い浮かべたり，作品から行き詰まりの要因を想像したりして，働きかけ方を考えます。子どもによって，友だちの表現の例を見せるのがいいのか，材料や用具を示して操作をしながら考えさせるのがいいのかを判断し，少しだけ背中を押してあげましょう。「こうするといいよ」ではなく，「これで何ができそう？」「こんな表現もあるよ…」と，子どもの発想をときほぐしてあげましょう。

③ 作品の色・形などを手掛かりに言葉をかけ，次の活動について一緒に考えるようにする。

　子どもの行き詰まりに寄り添い，ともに考え，悩むことは，「目の前の色・形をどうする？」といった表層的な対話ではなく，「Aさんの内的世界と色・形を，どう結びつけていこうか？」という対話です。「先生は，この部分の色と形にAさんの気持ちが表れていると感じるよ」「…この部分の感じは，自分でも気に入っています」「じゃあこの後，絵の上の方をどうしていこうか？　絵から少し離れて，絵を見て考えてみようよ」などの対話をして，Aさんが「あっ，いいこと考えた！」「イメージがつかめた」…と動き出すのを待ちます。

子どもの活動支援のアイデア

36 子どもの6年間の学びを支える授業の組み立て方のアイデア

〈6年間の図工の授業〉〈1年間，1学期の授業〉〈1題材の授業〉，複数の授業や1題材での造形体験を関連づけ，組み立てることで，子どもの学びを支えていきましょう！

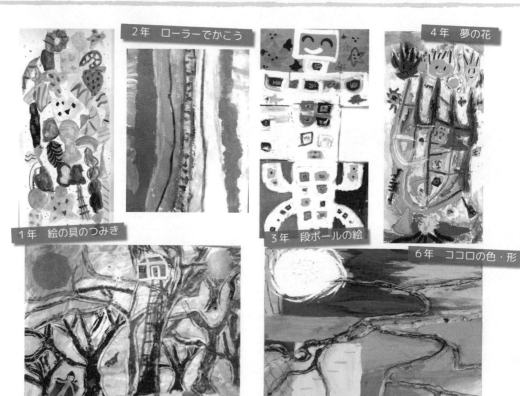

絵をかく活動・6年間の授業プラン一例。支持体を変化させたり，抽象表現に取り組んだりして発展させていきます。

ポイント

① 6年間の授業プランを設計できるよう，子どもの〈6年間の造形体験ファイル〉をつくる。
② 学年の子どもの実態や育てたい力を考え，1年間の授業を関連づけて組み立てる。
③ 1つの題材の中での造形活動の組み立てを考え，子どもの学びを支える。

① **6年間の授業プランを設計できるよう，子どもの〈6年間の造形体験ファイル〉をつくる。**

　造形体験の蓄積や既習の技能を生かして，次々と未知なる世界への探索ができるように6年間の学習が設定されていると，子どもは「新たな意味や価値」「新たな自分」「新たな，もの・こと・ひととの関係」をつくりだしていきます。教師は，6年間の学習を関連付け，組み立てを考えて設定したいところですが，6年間に複数の担任や図工専科が子どもに関わり，既習事項の伝達がうまくいっていないのが現実のようです。そこで，右図のような〈6年間の造形体験ファイル〉をつくり，職員室の所定の場所に置いてファイルを共有してみるのはどうでしょうか？　大まかでもかまわないので，題材名と，材料・用具だけは必ずメモしておきましょう。

平成23年度入学児童 造形体験 記録

学年・内容	材料・用具
2年・太陽の絵（想像の絵）	クレヨン
〃 光の造形遊び	セロハン ビニール
〃 粘土でつくる動物園	油粘土 へら 箱
〃 並べて…並べて	木片 カップ
〃 袋でつくろう	紙袋 布 ビニール袋
〃 紙版画 うつして…	紙 インク ローラー
3年・木のものがたり	割り箸ペン インク
〃 粘土の変身	土粘土 切り糸
〃 窓のひかりで…	京花紙 セロハン
〃 くぎ人間をつくろう	木片 釘 金づち
〃 私の花をかこう	段ボール 共同絵の具

② **学年の子どもの実態や育てたい力を考え，1年間の授業を関連づけて組み立てる。**

　例えば，本校の5年生を例にとると「色・形からイメージをもつことはできるが，イメージ相互を結び付けたり自分の心情や思いを色・形に結び付けながら表現を深めていく体験が少ない…」「今年は，そのような体験を通して5年生の力を育てたい」という思いから，5年生の1年間の授業を次のようにそれぞれ関連付けて組み立て，子どもの学びを支えました。

　☆4月：自分のイメージや表し方を水彩絵の具を使って見つけ，イメージを構成していく。→5月：自分の心情やイメージを想像した森に重ね，段ボールで立体的に表現する。→6月：友だちの作品を鑑賞し，多様なイメージや表し方，色・形に込められた思いを見つけ合う。

③ **1つの題材の中での造形活動の組み立てを考え，子どもの学びを支える。**

　材料がたくさんあって，「さぁ，この材料で建物をつくろう」の提案の後，子どもにおまかせの授業では，「先生，高いタワーができたので，終わり！」「建物のイメージがまったく浮かばない」…と，子どもは，材料との関わりの中からイメージを広げることができません。

　そこで，1つの題材の中での造形活動の組み立てを考えた授業を設定してみました。5年生の授業では，ただ「建物をつくろう」ではなく，『別世界の建物』という題材名を提示しました。そして，A-別世界に住む生き物を身近な材料でつくる。B-その生き物はどんな世界に住んでいるのか想像し，建物の土台の土地となる板（自分で形を切る）に色をつけ絵を描く。C-A，Bを基に建物のイメージを広げ，材料を選択して建物をつくる。と，発想のきっかけをつくり，次々と展開していける活動を組み立てました。このように活動を提示することで，子どもたちは「丸い形の生き物たちが住む，円形ハウスだ」「星の形の土地に，銀河のタワー，そして月の船…」と，自らのイメージや思いを色・形に結び付けていくことができました。

子どもの活動支援のアイデア

37 教室・図工室の外へ 子どもの活動を広げる〈場と環境マップ〉のアイデア

学校の中の様々な場所は、それぞれの特徴を生かせる造形活動の場になります。校庭・廊下・体育館などの場所、学校全体に「子どもの表現」「子どもの文化」を広げましょう！

学校を概観した図に、どこでどのような活動ができるか考え書き込みながら、〈場と環境マップ〉をつくろう

ポイント

①屋内の空き教室や廊下、階段などの特徴を生かした活動を考える。
②屋外の植え込み、砂場、校庭などの特徴を生かした活動を考える。
③安全に配慮したマップづくりをし、事前に活動についての連絡をする。

① 屋内の空き教室や廊下，階段などの特徴を生かした活動を考える。

屋内の様々な場の特徴を生かした活動を考えてみましょう。例えば，廊下で「短冊状の紙をつなげて…」，廊下の窓で「色セロハンの光の窓」，空き教室で「天井から紙や木の枝を吊って…」，体育館で「光と影で遊ぶ…」「段ボールでつくる大建築」など，場との関わりから始まる魅力的な授業をつくりだしていきましょう！ 思いついた活動は，どんどんマップに書き込んでいきましょう。

体育館の窓にみんなの「透明ランド」を飾ると体育館が光の空間に…

② 屋外の植え込み，砂場，校庭などの特徴を生かした活動を考える。

屋外での活動では，太陽の光や風，木々の匂いなどにふれ，子どもたちの身体感覚も活性化します。土・水・石・木・風・光と影・坂・起伏などの切り口から授業づくりをしてみてはどうでしょうか？ 広い校庭で「小さな白い石を並べて…」，使わなくなった花壇で「子どもたちの空想の花を咲かせて…」，屋上で「様々な透明容器と水の組み合せから，美しさを探す…」などの授業。こういった授業のアイデアも，学校全体を俯瞰した図に，実際に手を動かして書き込んでみることで浮かんでくるものです。

〈場と環境マップ〉から次々と子どもの活動が広がります。

校庭にスズランテープをはりめぐらせたら，「私は，夢の世界にいるみたい」

③ 安全に配慮したマップづくりをし，事前に活動についての連絡をする。

教師は，子どもが活動する姿を思い浮かべながら，活動場所で試作をし，マップに安全について配慮すべき点，留意事項を書き込んでおきましょう。例えば，「屋上の一部に溝があり危険，カラーコーン設置」などです。また，実践の前に必ず，活動日時，内容，ねらいなどについて，マップを基に全職員に連絡をして，迷惑をかけないようにしましょう！

巨大ビニールマン，玄関の守り神みたい

子どもの活動支援のアイデア

38 図工の時間と実生活をつなぐ授業づくりのアイデア

子どもの体験や生活が，図工の時間での表現につながる。そして，図工の時間に育んだ力が，その後の生活や社会との関わりの中で生かされる。そんな授業をつくっていきましょう！

作品に植物を入れて

図工室の窓際で育てられる植物たち

家に持ち帰って飾ります

ポイント

①授業の前の子どもの時間や生活を基に，授業づくりをする。
②授業と生活や社会との関わりを感じさせるように，授業づくりをする。
③授業で学んだことを，自分の生活の中でも生かせる学習展開を考えるようにする。

① 授業の前の子どもの時間や生活を基に，授業づくりをする。

　左ページのように，図工室の窓辺で7か月間大切に育てた植物を入れる，『インドア・ガーデン』をつくったり，クラスで育てている小鳥を主人公にした『ピーちゃんの冒険』の絵を描いたりする活動に，子どもたちは特別な思いをもって取り組みます。自分と植物や動物が関わった時間，そこでの出来事が表現に滲み出してくるのでしょうか？　一人一人の感情やイメージを強く感じます。このような授業だけでなく，どの授業でも子どもの体験や記憶，知識や技能などと授業の関わりを考慮することが大切です。赤ちゃんだった自分を描く題材『おかあさんといっしょに』。自分の思い出を基に描く題材『あの時の出来事』。移動教室で見つけた美しさをテーマにした題材『美しい〇〇』など，たくさんの授業が考えられます。

② 授業と生活や社会との関わりを感じさせるように，授業づくりをする。

　例えば，「大工さんになって，家をつくろう！」と始まる題材『〇〇小カーペンターズ』。ハットデザイナーになる題材『おもしろハット』。カリスマ美容師になりきる題材『ニューヘアスタイルの絵』。アーティストになりきる題材『画家の目で見た絵』…などの授業を設定し，世の中の職業や創造的な表現と自分の表現がつながっていることを伝えましょう。また，子どもの生活と密接に関わっている自然，町や住居の空間デザイン，ファッション，マンガ，ゲーム，テレビなどのあらゆる視覚的情報と図工の時間のつながりを教師は意識して活動を設定し，図工で育んだ力を生活や社会で生かせるようにしましょう。

③ 授業で学んだことを，自分の生活の中でも生かせる学習展開を考えるようにする。

　5年題材『マイ・ランプ』，6年題材『アート・チェアー』の授業で，家具のデザインやインテリアに興味をもった子どもたちに，「自分の家や地域の美術館などにある，お気に入りの家具やインテリアを写真に撮って，発表会を開こう」と提案し，学んだことが生活や社会との関わりの中で生かされるように学習展開を考えました。

5年作品のランプ

6年作品のイス

6年生が家で見つけた，インテリア家具

6章 作品鑑賞のアイデア

子どもは，自分の経験や感覚・イメージなどを総動員して，作品を鑑賞します。友だちの表した色や形にじっと見入り「雨の音がする…静かな気持ちになる…」，ピカソの「ゲルニカ」を見て「押しつぶされるような痛みを感じるけど…小さな花に希望がある」と，一人一人の独特な見方や感じ方をストレートに言葉にします。

　教師は，〈子どものどのような言葉も，その子そのもの〉と捉え，言葉の裏側にある，なかなか言葉にならない感覚や感情，混沌とした思いなどを想像しながら，子どもの言葉を受け止めたり，掘り下げたり，子ども相互の言葉をつないだりして鑑賞の活動を活性化していきましょう！

　また，作品に出会うこと，作品を鑑賞することは，自分とは違うまなざし・感覚・意識をもった他者との出会いでもあります。作品鑑賞の体験が，自らのまなざし・感覚・意識を問い直し，新たに目覚めさせる体験となるように…教師は，アイデアを練り，子どもたちに働きかけていきましょう！

6章（39〜41項）では，
- 39項―図工の時間の中で，子どもたちが自然に相互鑑賞し，お互いのよさを認め合い学び合う場面をどのようにつくっていくか？
- 40項―子ども相互の鑑賞をどのようにして深めるか？
- 41項―鑑賞の時間の教師と子どもの対話をどのようにして深めるか？

これらの課題解決に向けたアイデアを紹介します。

　6章のアイデアを支えるのは，上記したように，教師の子どもの鑑賞の姿の本質を捉える力。子どものまなざし・感覚・意識などを生き生きとさせるために，「いつ・どこで・どんな作品に…どのように関わっていくか？」を構想する力です。

　そのような力をもった教師のつくる，鑑賞・表現活動の時間は「僕の感じたことを，友だちや先生に認めてもらえてうれしい…」「Ａ君の見方もいいな…」と，クラス全員のよさが発揮される，学び合える特別な時間となるでしょう。また，子どもたちの鑑賞の力（まなざし・感覚・意識・イメージなどの力）と表現の力（つくりだす力）を相関的に高める時間となるでしょう。

　鑑賞と表現の力が相関的に高まると，自分の働きかけ（表現）によって目の前の色や形を変化させ…その色や形から働きかけられ（鑑賞），さらに次の働きかけ（表現）につながる…鑑賞と表現が一体となった活動に，子どもたちは夢中になって取り組み，新たな意味や価値をつくりだせるようになります。

作品鑑賞のアイデア

子どもがすすんで相互鑑賞したくなる，教師の働きかけのアイデア

図工の時間に自由な雰囲気が流れ，教師の働きかけに今回示す3つのポイントのような工夫があれば，子どもがすすんで相互鑑賞を始め，学び合いを深めていきます。

お互いに作品を見せ合い，「ここの色がきれいだね」「ありがとう」「この表し方，僕の発想にはなかったなー」…と，交流が深まります

ポイント

①材料・用具置き場への往復の際に，友だちの表現を見ることができるようにする。
②鑑賞のための特設ステージの設置・他クラスの表現過程の展示をする。
③活動の過程で，普段から表現を見せ合い，話し合う習慣をつけるようにする。

① 材料・用具置き場への往復の際に，
友だちの表現を見ることができるようにする。

　図工の授業の場，環境の中にさりげなく鑑賞の場面を設定すると，子どもの表現が活性化し，子ども相互が学び合う場面も増えてきます。例えば，右写真Ⓐのように，材料・用具置き場を教室中央に設置することが，友だちの表現過程にふれたり，交流したりする機会をつくります。また，Ⓑのように，図工室や廊下の保管場所などに他クラスの表現過程での多様な発見がわかるような展示をすると，表現のヒントを与えることができます。

Ⓐ材料置き場の場所を考える
Ⓑ他のクラスの表現過程を展示する

② 鑑賞のための特設ステージの設置・
他クラスの表現過程の展示をする。

　表現過程で，光や風，動きなどの効果を確かめながら進めたい授業では，〈特設ステージ〉をつくりましょう。特設ステージは，できるだけ障害物のない教室の隅などに長机等を置いてつくります。**広い空間の中で１つずつの作品をじっくり鑑賞できる環境をつくることで，相互鑑賞の可能性が広がります。**右図は，天井からモビールを吊って回転させ，その様子を見て次の活動を考える授業です。Ａ君は，「Ａ君のモビール，丸い形の組み合わせがいいね」「回ると，いろんな形に変わるね」などとＢ君に伝えられ，さらに活動に没頭しました。その後，Ｂ君が作品を特設ステージに展示すると，Ａ君がＢ君の作品のよさを伝え，２人の交流・学び合いが深まっていきました。

〈特設ステージ〉で相互鑑賞

③ 活動の過程で，普段から表現を見せ合い，
話し合う習慣をつけるようにする。

　①，②のような相互鑑賞は，普段からお互いの表現のよさを認め合い，伝え合うことが抵抗なく行える，図工の時間に流れる自由な雰囲気から生まれます。右の写真のように，作品を見せ合い，話し合いながら高め合う場面が多く見られる授業を目指したいものです。

作品鑑賞のアイデア

40 相互鑑賞の活動を深める〈お手紙カード〉のアイデア

〈お手紙カード〉なら，素直に，「○○君のこんなところ，とてもいいね…」と伝えられ，カードを受け取った喜びも大きくなります。もっともっと相互鑑賞をしたくなるアイデアです。

> (Kさん) 私は，Kさんの絵を見て最初に感じたのは，「ジャングルみたいだなー」ということでした。そして，絵に近づいて見る内に，色が何度もぬり重ねられていることが分かって，「すごいな，だから色に深みがあるのか！」と（勝手ですが）納得しました。私は，この絵にはKさんの秘めた思いが見えかくれしているな，と思いました。Kさんらしい！ (Tより)
> KOKORO NO IRO KATACHI

> (Nさん) 色んな模様を太い線や細い線で区切ったりしていて，Nの感情にそういう境があるんだな，と思いました。暗いところや派手なところがあり，色々考えてるなと思いました。左下の赤いところから細い線が出ていて何を表しているのか，気になりました。枠にもカラフルな絵があって， (Sより)
> KOKORO NO IRO KATACHI　　マネしたいな〜とおもいました。

> (Oさん) 左から右にいくにつれ，色が，どんどんくらくなっているのがすごい工夫だなと思いました。左のほうは，黄色や緑の点々があり，とても元気な気持が伝わってきます。しかし，左の方はふくざつな線がいくつもあり，かなしい気持，くらい気持も伝わってきます。一つの絵で，こんなに表現出来るのはすごい (Aより)
> KOKORO NO IRO KATACHI　　と思いました。

ポイント

①メッセージを書くことで，友だちの「よい」ところを素直に伝えられるようにする。
②〈お手紙カード〉で，コミュニケーションを深め自分の表現に自信をもてるようにする。
③全員にカードが届くようにすること，カードを大切にできるようにすることに配慮する。

6 作品鑑賞のアイデア

① メッセージを書くことで，友だちの「よい」ところを素直に伝えられるようにする。

6年題材『ココロの色・形』で生まれた
N君の作品「大切な心を守る手」

左の写真，6年生の作品に対して下のような〈お手紙カード〉が寄せられました。低学年の頃から，相互鑑賞のカードで交流を深めてきた6年生は，作品の形や色の特徴や作者の友だちの内面を捉え，心のこもったメッセージをおくることができるようになります。

> N君へ この絵を見てすごいと思ったのは 四角の角にある手型です。これは，自分の気持ちをおさえているのだと思います。また 真中にある ふくざつな形や色は，だれにもまねできない色づかいだと思います。また外側は，茶色でぬってあるように見えるけど，ピンクなどがかかれている のがすごいと思いました。 Aより
> KOKORO NO IRO KATACHI

②〈お手紙カード〉で，コミュニケーションを深め自分の表現に自信をもてるようにする。

左ページの写真のように，お互いのカードを読み合って話し合う子どもたちから「自分では，気付かなかったことを友だちにほめられて，とても嬉しかった」「もっと，絵を描いてみたくなった」などと，感想が聞こえてきます。他者（友だち・教師）に《承認され➡尊厳をもち➡自由に行為する》というサイクルを図工の時間では大切にしたいものです。

③ 全員にカードが届くようにすること，カードを大切にできるようにすることに配慮する。

教師は，カードをもらえない子が出ないように「まずはじめは，同じ班の友だちにカードを書こう」と提案します。「内容は，もらった人が嬉しくなるよう，『右上の形がとても優しい感じ…色が重なっていて吸い込まれそう…』などと具体的に書こう」と伝えたり，たくさんの友だちにもらったカードを大切にできるよう，下のようにファイルにまとめたりします。

作品鑑賞のアイデア

41 作品鑑賞の時間の，教師と子どもの対話を深めるアイデア

教師は，子どもの独自な発見や思いに共感しながら対話を進めましょう。このアイデアで，子どもの鑑賞の力（見る力・感じる力）を高めていきましょう！

ポイント

①一人一人の子どもに独自な発見や思いがあることを想像しながら，対話を進める。
②子ども相互の，作品の見方や感じ方を伝え合う交流を大切にして，対話を進める。
③子どもの発言に対して，「どうして，そう思ったの？」と，根拠を問いかける。

① 一人一人の子どもに独自な発見や
　思いがあることを想像しながら，対話を進める。

　子どもは，自分の経験や感覚などを総動員して作品を鑑賞します。大人のように「この作品は，○○イズムで作家は○○で，美術史上の位置づけは○○」などと，ごりっぱな言葉ではなく，「わーっ，なんだか体がゾクゾクする」「私の好きな夕方の雰囲気の絵だ」「この絵の中の，荒海の上を飛ぶカモメは，傷ついたときの私みたい」などと，一人一人の独自な発想や思いをストレートに言葉にします。教師は，子どもの独自で豊かな世界を想像しながら，「とてもいい感じ方，見方だね…」「その言葉には，きっとこんな意味があるのかな？」と，共感的に言葉かけをしましょう。

② 子ども相互の，作品の見方や感じ方を伝え合う交流を大切にして，対話を進める。

　子どもが，お互いの作品の見方や感じ方を伝え合う交流が深まると，鑑賞の時間が豊かになってきます。教師は，一人一人の多様な見方や感じ方を積極的に伝え合い，学び合えるように，子どもたちの言葉を共感的に受け止め「Fさんの見方…いいね，みんなは，この形を見てどう感じる？」…と，いくつかの発言に焦点をあてたり，「さっき，K君がこの絵の黄色い空について，面白いこと言ってたね。今度は，Rさんがこの空について違うことを言ってくれたね」と，子どもの発言を関係づけたりして，対話を進めていきましょう。

③ 子どもの発言に対して，「どうして，そう思ったの？」
　と，根拠を問いかける。

　ピカソの「ゲルニカ」に出会った６年生は，「少し怖い」「痛みを感じる」「暗い中にも少し希望がある」…などと，感じたことを言葉にします。教師は，これらの言葉を「なるほど…」と，流すのではなく「この絵のどこを見て，希望を感じるの？ みんなももう一度，絵を見てみて」と，問いかけていきましょう。「悲惨な絵だけど，左下に描かれた花に，希望を感じる…」「そうだね，ここに花があるね」…と，対話と鑑賞が深まっていきます。

101

7章 授業のまとめ・評価のアイデア

1章の授業づくりに向けた〈子どもの世界探索〉〈授業デザイン〉〈授業づくり研究〉から出発した，〈学びの場としての豊かな図工の授業・探索の旅〉もいよいよクライマックスを迎えました。7章の，授業のまとめ・評価のアイデア（42〜45項）では，子ども一人一人が「これで，満足！」「私は，この授業でこんなことを学んだ…」といった実感をもって授業を終えるには，どのような工夫が必要か？　また，子どもの資質・能力を高めるための評価をどのように行うか？　について，具体案を示します。

さあ，子どもたちの「やっぱり図工は楽しい！」「自分の力を思いっきり出せた！」「次の図工の時間が早くこないかな…」…などの声が溢れ出す，授業のまとめ・評価を実現して，授業のクライマックスの喜びを子どもたちとともに，味わいましょう！

左ページの写真は，3年生の授業『おもしろハット』のまとめに行ったファッションショーでA君が，自分のつくった「おもしろハット」を披露している場面です。たくさんの友だちから賞賛の拍手をもらい，A君の「これで，満足」も「これで，大満足！」にふくらみました。友だちから「A君の帽子は，火山のような飾りがあって，力強い」と声をかけられたA君は「自分のこだわっていたところをほめてもらえて，とても自信がついた」と，授業での自分の表現の過程を振り返り，自分自身に花丸の評価をしました。

この例のように，子どもたちの「これで，満足！」の声が溢れる授業のまとめ・評価のあり方を，7章のアイデアを指針に探ってみて下さい。

ただし…著者の経験からいっても，授業の理想的なまとめ・評価を実現するのは難しいことです。「これで，満足！」の実感は，1〜6章までの教師の裏方としての準備や子どもへの関わりなど，たくさんの要素が重なり合って力となり，子どもを支え，やる気にさせた成果です。もし「途中から，どう表すのかわからなくなった」「自分の作品が気に入らない」…などの声が聞こえてくるようであれば，何度でも1章まで戻って，再出発することをおすすめします。

教師が，自らの子ども観・題材観を問い直し，授業デザインを練り，材料・用具を準備し，授業導入や活動支援での子どもへの関わりを問い直すと，授業のまとめ・評価の質が向上します。

教師の力が向上すると…「私は，この授業でこんなことを学んだ…」「僕は，この授業で，自分の思いを絵に表すことができた」…と，子どもの実感が溢れる「学びの場としての豊かな図工の時間」がつくりだされます。

授業のまとめ・評価のアイデア

42 子どもが「これで満足!」と着地点を見つけられる授業づくりのアイデア

まず,授業を「新たな自分をつくりだせる」学びの場にしましょう! そして,指導の工夫をし,「私は,こんなことを見つけた」「これで満足」といった実感を引き出しましょう!

大満足,私のフワフワだっこさん

私のぼうし,飾りのつけ方にこだわりがたっぷり…

ポイント

①授業の終末に題名やコメントを書くことで,自分の着地点を見つけられるようにする。
②「1題材＝1作品」ではなく,自分で作品の数を決められるようにする。
③表現のプロセスでの「満足」を写真に撮り,画像を「自分の表現」にできるようにする。

① **授業の終末に題名やコメントを書くことで，自分の着地点を見つけられるようにする。**

子どもが自分の表現に満足するとは，「他者が決めたゴールに到達したか？」「周囲にどう見られるか？」ではなく，「未知の世界への探索を楽しめたか？」「もの・こと・ひととの新たな関係をつくれたか？」…に答え，「これで満足」「できた！」と実感することです。

教師は，授業を子どもにとって「これで満足」「新たな自分をつくりだせた」と実感できる学びの場にしなければなりません。

学びの場をつくりだし，活動を子どもとともに楽しめたら，授業の終末（活動時間の残り，25～40分）に，「楽しんでいる自分」から少し距離をおき，自分の作品を見て感じたことを基に，題名やコメントを書いてみてはどうでしょう。この活動で，自分の表した・表したかったイメージをつかむことができ，その後の表現の方向性や着地点が見えてきます。

2年題材『ぼうけんの絵』，たくさん描いた中から4枚を選んで…完成！

② **「1題材＝1作品」ではなく，自分で作品の数を決められるようにする。**

子ども一人一人に，各々の表現のペースがあります。筆先の絵の具を少しずつ，ゆっくりと紙につけていく子もいれば，手のひらにつけた絵の具を紙にたたきつけるようにして次々と表現を展開する子もいます。クラス全員に一律に同じサイズや質，形状の紙を渡すのではなく，例えば，「支持体となる紙を自分の表したいことに合わせて選び，何枚描くかは自分で決めよう！」と提案する授業を考えてみましょう。子ども一人一人が自分のペースで表現し，自分の着地点を見つけられます。

③ **表現のプロセスでの「満足」を写真に撮り，画像を「自分の表現」にできるようにする。**

デジタルカメラとモニターを用意し，子どもが自らの表現のプロセスでの出来事（「おっ，きれい・いい感じ…」）を撮影し，その複数の画像（モニターで再生）を「自分の表現」にできるようにしてみてはどうでしょう。特に，造形遊びの授業では，自分で「いいな」と感じた瞬間を撮ったり，お互いのよいところを撮り合ったり，見合ったりする活動で，「プロセスの出来事に意味があり，一人一人のよさが表現されている」…と，認め合い，学び合えるのではないでしょうか。

授業のまとめ・評価のアイデア

安易な「先生，できました」への対応のアイデア

　自戒の念を込めて…安易な「先生，できました」は，大半が「授業が楽しくない」という子どもからのメッセージです。しかし，理由は他にもあります。よく見極めて対応しましょう。

「先生，どうですか？」と自信なさげなEさんに「ここ，とてもいい形だね」と声をかけると…

「よし，やってみよう」とグイグイと線を入れるEさん

ポイント

①否定的な言葉をかけるのではなく，一度認めてからその子に応じた対応をする。
②作品の色・形・イメージなどを手掛かりに言葉をかけ，ともに次の活動を考える。
③新たな材料や用具を提案したり，友だちの表現を紹介したりする。

① **否定的な言葉をかけるのではなく，一度認めてからその子に応じた対応をする。**

　A君がうつむきながら「先生，できました」と絵をもってやってきました。A君は，自分の作品に何かの原因で自信をなくし「もう描きたくない…」と思っているんだなと感じたので，「おっ，できたねー，絵の上の部分の船や太陽の形がいいねー。どこか気に入らないところがあるの？」と声をかけると「はい，ここはいいんだけど，下の海が失敗して…」と自信をなくした原因を伝えてくれました。「そうか…じゃあまだ時間があるから，新しい紙に描いてみる？」という言葉に，A君は目を見開いて笑顔で画用紙を受け取り…大満足の作品「夏の太陽，夏の海」を完成させました。このように，教師は，子どもへの想像力と共感力をもって対応したいものです。

② **作品の色・形・イメージなどを手掛かりに言葉をかけ，ともに次の活動を考える。**

　B君は，何人かの大満足の「できた！」につられるようにして「僕もできたかも？」と言いながら絵をもってきました。そんなB君には「B君の描いた建物は，迷路や階段などが丁寧に描かれていて建物の中に入っていけそうだね，とても面白いよ…」と，壁に絵を飾り，離れたところから2人でじっと絵を見て，「うーん，これから変わっていくかな？　…どうしようか？」と絵を見ていると，B君は「あっ，わかった！」「建物の中や屋上に乗り物ステーションを描こう！」と次の活動のイメージをつかみました。このように，子どもと教師が作品を一緒に味わい・考え・語り合う時間から様々なイメージが立ち上がります。

③ **新たな材料や用具を提案したり，友だちの表現を紹介したりする。**

　一人一人の表現のよさやつまずき，表したいイメージなどを捉え，適切なアドバイスをすることが大切です。例えば，段ボールの接合がうまくいかず困っているC君には，厚紙用接着剤を紹介し，次の活動のイメージがもてずに困っているDさんには，様々な表し方やイメージについて，何人かの友だちの作品を紹介しながら声をかけました。適切なアドバイスは，子どもの大満足の「できた！」の手助けとなります。

表し方につまづいていたOさんに「B君のような表し方もあるよ」と紹介　→　「参考になった！」と活動を進めるOさん

授業のまとめ・評価のアイデア

44 授業を振り返り，言葉にする ワークシートのアイデア

— 高学年用〈私の表現カード〉を例に

表現を通し，感じたことやイメージしたことなどを言葉にするこの活動は，自分の感覚やイメージをつかみ，活性化し，次の表現に力を与えます。

**6年題材『ココロの色・形』
授業後のワークシート記入のポイント**

A 自分の表現のプロセスで何が起こったか？　そこで，感じたこと・考えたこと・話したことなどを書こう。

B 自分の作品の色・形に込めた心情やイメージについて具体的に書こう。

C 作品の題名についての思いを書こう。

D この授業を通して感じたことや考えたこと，学んだことを書こう。

○ この絵は，自分の心の深い森をイメージして描きました。最初は，濃い緑やうすい緑を中心に色をぬりました。でも進めていくうちに，いろんな色を使うようになっていき自分の気持ちの変化を感じました。

○ 自分の心の具合を表すために，緑の色の種類をなるべく別にし，濃い部分とうすい部分に分け，色を雑巾などでぼかし，自然にしたり，形を残さないようにぬったりしました。また，定規やスポンジなど様々な道具を使い，その部分の雰囲気に合った模様をつけました。

○ 真ん中にあるのは，ボンドを固めたものです。ここは，心の中を表しています。

○ この絵を描いて，毎週描き進めていく度に，気持ちがじょじょに変わっていくのが分かり，自分の気持ちがここまで変わるものなのかと思います。自分の気持ちの知らない所を知ることができたので良かったと思いました。また，このような絵を描いてみたいです。

ワークシート記入のポイントA～Dを子どもたちに伝えます　　　実際の子どもの記入例

ポイント

① 表現のプロセスでの出来事，そこで感じ・考え・試したことなどを振り返る。
② 自分の思いやイメージと自分の表現との結び付きについて具体的に書くようにする。
③ この学習を通して感じたことや考えたこと，学んだことを書くようにする。

① 表現のプロセスでの出来事，そこで感じ・考え・試したことなどを振り返る。

　低学年では，作品を紹介する簡単な〈ものがたりカード〉。中学年では，表現を通しての発見や「ここを見てほしい」といったコメントを書く〈私の思いカード〉。高学年では，左ページのA～Dのような観点で〈私の表現カード〉を書くようにします。

　感性の世界を言語化するこの活動は，子どもたちの多様な感情や感覚に形を与え，感情や感覚の幅や厚みをもたらしてくれます。

> 私が初めてキャンバスをもらった日の図工の時間でかいた絵は，今と全然ちがいます。最初はふんわりした感じだったけど，家族とのケンカもありストレスがたまり，だんだんキャンバスに暗い色がふえ…赤と青が中心に変っていきました。自分でも自分の中の様々な感情に出会い，驚きました。

表現のプロセスを振り返るFさん

② 自分の思いやイメージと自分の表現との結び付きについて具体的に書くようにする。

　子ども一人一人に「私の絵をこの色，この形にしたのは，○○だから」という理由があります。「今の気分は晴れやかな青」「水泳が好きだからプールの形」「大切な思い出の形を，透明接着剤で閉じ込めたよ」など，様々な心情が色や形や手触りに結び付いています。それを言葉にすることで，色や形と「私」との関わりは，さらに深まります。また，その言葉は他者への強いメッセージとなります。

> キャンバスに赤い絵の具で描いたもやもやとしたところは，リハビリの苦難やイライラを表しています。私は，はじめ右下の部分を紫色で描いていましたが，心の変化に合せて黒く変えました。定規で描いた赤いいばらの道は，手でチュとこすり不安を…

色と感情・イメージについて書いたOさん

③ この学習を通して感じたことや考えたこと，学んだことを書くようにする。

　子どもが図工の授業を体験するということは，今まで気付かなかった自分を実感したり，新たな価値や意味を見つけ，新たな世界や自分をつくりだすことではないでしょうか。子どもたちの「この授業で，自分に自信がもてた」といった，歓声に溢れる授業を目指したいものです。

> この絵を描いてみて，自分でも気がつかないうちに，たくさんの意味をこめて，自分の気持ちを表現しているのだと分かりました。また，自分の気持ちに素直になれ，自分はいろいろな気持ちがあるので自分なんだ，と思えた。

自分の学びについて書いたJ君

授業のまとめ・評価のアイデア

45 子どもの資質・能力を高める評価のアイデア

何をどのように評価すれば子どもの資質・能力を高められるのか？　子どもにとってのよい評価のあり方とは？　じっくりと探り，明日からの授業で生かしていきましょう！

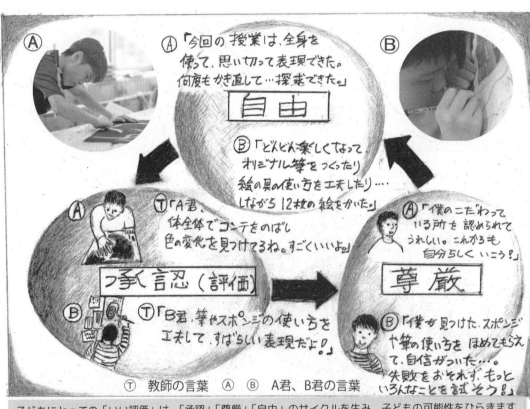

子どもにとっての「いい評価」は，「承認」「尊厳」「自由」のサイクルを生み，子どもの可能性をひらきます

ポイント

①一人一人の活動の過程を捉え，今を実感し未知なる世界を探求する姿を評価する。
②教師は，子どもと同じ目線で子どもの活動に接し，共感的に評価する。
③評価を次の授業に生かし，指導を充実させることで，評価の質を高める。

① **一人一人の活動の過程を捉え，今を実感し未知なる世界を探求する姿を評価する。**

　子どもの表現の過程に近づいてみましょう。そこで生起する一人一人の出来事は，あらかじめ予測できたことではなく，「もの・こと・ひととの，働きかけ・働きかけられる」関わりから生まれた出来事です。その出来事に息をのみ・心を動かし・考え・イメージを膨らませ…「今を実感し」つつ，次の出来事をつくりだすようにして「未知なる世界を探求する」姿は，一人一人の資質・能力が，存分に発揮されている姿です。

　教師は，結果としての作品を評価するよりも，「この色，きれい」「絵の中に入っていけそう」「私の願いが，表せた」「この形，これからどうしよう？」「この表し方，いい感じ」「A君の色の塗りかた，すごい」…などと色や形に関わって，今を実感し未知なる世界を探求する，表現の過程での子どもの姿をしっかりと見とり，評価することが大切です。

② **教師は，子どもと同じ目線で子どもの活動に接し，共感的に評価する。**

　p.80「32　活動の様子や作品から，子どもが発揮している資質・能力を「見とる」アイデア」でもふれましたが，子どもの資質・能力を「見とり」，「評価」するには，教師自身の内なる「子ども性」や子どもへの想像力が必要不可欠です。

　目の前の子どもは，色や形に関わって，今どのようなことを感じ・考えているのか？　子どもの目線や心情に教師の身を重ねるようにして，ともに驚き・喜び・悩む体験を共有しなければ「評価」は成立しません。

　「わーっ，この形いいね，さすがA君，力強さを感じるよ」「先までの色を，ローラーで塗り替えたんだ，色の重なりを大事にしてるね」…といった教師の**「評価」**は，子どもの存在そのものの**「承認」**となります。それは子どもに**「尊厳」**を獲得させ，失敗を恐れず安心して次々と試行錯誤できる**「自由」**を実感させます。

　自由に未知なる世界を探求する姿がさらなる「評価」，すなわち「承認」につながる，左ページのような**「承認」「尊厳」「自由」**のサイクルが，子どもの可能性をグッと広げます。

③ **評価を次の授業に生かし，指導を充実させることで，評価の質を高める。**

　指導と評価は一体です。例えば，活動中の子どもを「自分で筆をつくって工夫する姿がよい」と評価したら，次の授業に向けて，「もっと自分なりの筆がつくれるように，開発コーナーを設置しよう」などと，教師自身の指導の充実につなげたいものです。

　指導が充実し，子どもの資質・能力が発揮されるようになると，自ずから評価の質が高まります。

8章 片付け・作品保管のアイデア

図工の授業のまとめが終わると，片付けの活動が始まります。90分の授業の中で片付けにかかる時間は，7〜15分程度でしょうか？「いやいや，20分はかかります」「うちの子たちは，片付けが下手で…」と，悩んでいる方々の「どうすれば，スムーズに片付けができますか？」という質問にお答えして，8章・46項で，その解決策としてのアイデアを紹介します。また，47項では，「立体作品の保管は，どうしていますか？」「空き教室もなく，作品保管に困っています。いいアイデアはありませんか？」…という質問にお答えして，作品保管のための3つのアイデアを紹介します。

　8章のアイデアを活用して，〈みんなの力でスムーズに・しかも，楽しい片付け〉と〈空間づくりを工夫して，ホッと安心・作品保管〉を実現させましょう！

　〈みんなの力でスムーズに・しかも，楽しい片付け〉を行うには，まず，**授業の満足度を高める**ことが必要です。子どもたちが，生き生きと活動に取り組んだ授業の片付けは，活動の勢いの延長でテキパキと進みます。

　次に，**片付けの工夫**が必要です。例えば，常設の材料・用具おきばを使いやすく片付けやすく設置したり，移動型の材料・用具ボックスを机に1つ用意してグループで協力して片付けられるようにするなどの工夫があると，「何を，どこに，どう片付けていいか」がわかり片付けがスムーズになります。

　そして，**片付けを習慣化する**ことが大切です。教師は，片付けの方法を明確に指示し，授業の内容によって片付けの時間を決め，常に時間内に片付けが終わるように支援しましょう。

　また，〈空間づくりを工夫して，ホッと安心・作品保管〉を実現させるために，

- 作品を天井から吊る，壁やパネルにかけるなどの工夫をする
- 会議用机や児童机，ベニア板などを利用して棚をつくる
- 段ボール箱を利用する

などのアイデアを生かして，作品保管をしましょう。

　例えば左ページの写真のように，高さがあり，細かな部品が多い立体作品の場合，60×60×60cmの段ボール箱に6〜9作品を入れて，その上に新聞紙を丸めた緩衝材を入れ，廊下に置いて保管しました。この保管方法だと作品の破損も防げて，〈ホッと安心・作品保管〉が実現できます。

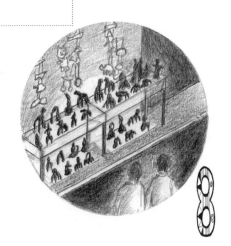

片付け・作品保管のアイデア

46 片付けをスムーズに楽しく進める指導のアイデア

片付けは，みんなでスムーズに行いたいものです。そのために，まず，授業の満足度を高めること。次に，片付けの工夫をすること。そして，片付けを習慣化することです。

何をどこにどう片付けるかわかりやすく示すと，自分の片付けが終わった後に友だちの片づけを手伝ったり，共同で使った用具を片付けたりといった姿がよく見られるようになります

ポイント

①常設の材料・用具おきばを使いやすく，片付けやすいように工夫する。
②移動型の材料・用具ボックスを用意し，グループで協力して片付けられるようにする。
③時には，ゲーム感覚で片付けをしたり，片付けからミニ作品をつくったりする。

① **常設の材料・用具おきばを使いやすく，片付けやすいように工夫する。**

　他項で紹介したように，本校では図工室に〈材料ボックス〉〈イロイロ描画材＆支持体おきば〉〈開発コーナー〉〈接着剤コーナー〉などが設置されているので，どこにどのように片付けをすればよいのかがわかりやすくなっています。

　また，金づち・ペンチ・カッターなど共同で使う用具については，いつも同じ場所に，常設の棚やケースを用意しています。このように，片付けやすい工夫と安全への配慮をして，スムーズな片付けができるようにしています。

常設の棚には，用具・材料のラベルを貼ります

② **移動型の材料・用具ボックスを用意し，グループで協力して片付けられるようにする。**

　屋外での活動や，グルーガンやスチロールカッターなど班で一緒に使う用具がある場合は，材料や用具を班で協力して片付けられるように，〈移動型の材料・用具ボックス〉を用意しましょう。右の写真のように，ボックスの中に仕切りをつくり，片付けやすいように工夫をしましょう。

かごの中を段ボールで仕切って，片付けやすく

③ **時には，ゲーム感覚で片付けをしたり，片付けからミニ作品をつくったりする。**

　片付けをゲーム感覚で楽しめるようにすると，子どもたちもやる気満々です。「ビニール袋に，3分間でいくつごみを集められるかを競う」「班対抗で，丁寧で早い片付けを競う」ゲームなどが考えられます。また，紙ごみが集まったビニール袋をモールやテープでしばって，ミニ作品〈マイ・キャラ〉をつくったりする活動を取り入れると，片付けがとても楽しくなります。

集めた新聞紙とビニール袋で…

片付け・作品保管のアイデア

47 作品保管のための空間づくりのアイデア

　作品の保管，特に「立体作品の保管に困っています」という声をよく聞きます。空き教室や廊下などにどうやって作品保管の空間をつくるか？　３つのアイデアを紹介します。

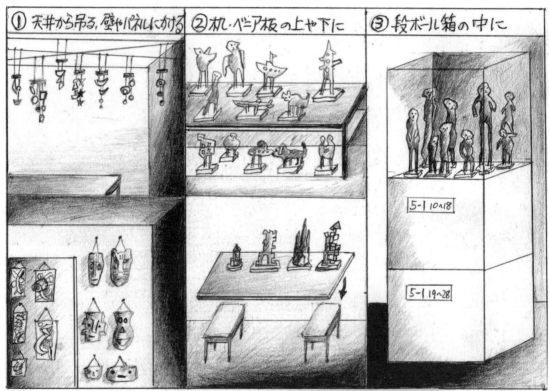

①，②，③のように，アイデア次第で作品保管の空間が生まれます

ポイント

①作品を天井から吊る，壁やパネルにかけるなどの工夫をして，作品を保管する。
②会議用机や児童机，ベニア板などを利用して棚をつくり，作品を保管する。
③作品に応じたサイズの段ボール箱を利用して，作品を保管する。

① 作品を天井から吊る，壁やパネルにかけるなどの
　工夫をして，作品を保管する。

　紙やビニールなどの軽い材料でつくった作品は，図工室や空き教室の天井にワイヤーを網の目状に張って，作品を吊り下げて保管しています（ワイヤーとして，直径1.5mmのアルミ針金を使用しています）。

　また，右写真のような縦長の半立体作品は，パネルや壁にフックをつけ，フックにかけて保管しておくと作品も破損することなく安心です。

3年題材『サーカス』は，壁を利用して保管

② 会議用机や児童机，ベニア板などを利用して
　棚をつくり，作品を保管する。

　もし，会議用机や児童机が余っていたら，廊下や空き教室に机を並べ，棚として利用してみてはどうでしょうか？

　机の上と下に作品を置くと，右の写真の『シーサー』（10cm×20cm×20cm程度）なら，会議机1台で30点程が保管できます。

　また，ベニア板（90×180cm）があれば，机や椅子の上にベニア板を乗せ，保管用の棚をつくることもできます。

4年題材『シーサー』は，ベニア板の棚で保管

③ 作品に応じたサイズの段ボール箱を利用して，
　作品を保管する。

　右の写真のような紙でつくった立体作品や，木でつくった小さな立体作品などを保管するには，段ボール箱を利用するのがおすすめです。

　右の作品は，高さ30〜40cmの細長い作品なので，50×50×50cm程の段ボール箱に，9点位の作品を入れ，新聞紙を緩衝材にして保管しました。

　保管作品についてのラベルを箱に貼り，段ボール箱を3段〜4段重ねて空きスペースに置いておきます。この保管方法だと，作品の破損も防げます。

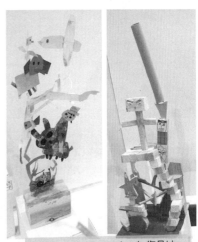

このような紙でつくった作品は，段ボール箱に入れて保管

9章 校内作品展示・展覧会のアイデア

「Aさんの作品を見ていると…Aさんの感じていることが伝わってくる…」「ありがとう，私は，Bさんの作品の色が好き」…5年生の，展覧会会場での会話が聞こえてきました。この2人の例のように，校内の廊下や体育館に展示された作品を，子ども相互（子どもと大人・大人相互も含め）が見合うことで，それぞれの表現のよさや自分との違いを見つけ合い・認め合い・学び合う体験の場（校内作品展示・展覧会）を大切にし，充実させていきましょう。校内作品展示・展覧会を充実させると，子どもの相互鑑賞が深まります。また，保護者・教職員・地域の方々・社会へと鑑賞の機会が広がります。

　大人が子どもたちの作品に出会い「子どもの作品にその子の存在が込められているな」「子どもって，すごい能力をもっているな」「子どもの育ちを感じる」「図工の時間は大切だな」…と，子どもや図工教育への理解を深めていくことができれば，子どもの豊かさや図工の豊かさは，大きく広がっていくでしょう！

　9章（48～50項）では，どのように展示をすれば，一人一人のよさが伝わる・認め合える作品展示・展覧会が実現するか，そのアイデアを紹介します。

- ●48項―校内の様々な空間を利用した，日常の作品展示
- ●49項―校内展覧会（著者の学校では2年に1回・3日間の開催）の場における空間づくり
- ●50項―校内展覧会での，一人一人の作品のよさが伝わる作品展示

これらの実践例を指針にして，校内作品展示・展覧会の可能性を探ってみて下さい。

　教師は，子どもと図工への熱い思いと柔らかい感性をもって，空間づくりや作品展示に徹底的にこだわっていきましょう。空間づくりや作品展示のために，他校の展覧会に足を運んだり，ギャラリーや美術館の展示から学んだりするのもよいでしょう。

　（筆者は，直島の地中美術館やパリのケ・ブランリ美術館，フォンダシオン ルイ・ヴィトンなどの空間や展示から，ヒントを得ました。）

「学びの場としての豊かな図工の時間」を教室や図工室に閉じ込めてはいけません。クラスの友だちから，全校の子どもへ，さらには教職員・保護者・地域の方々・社会へ広げていく可能性が，校内作品展示・展覧会から切り開かれます。

　さあ，校内作品展示・展覧会をさらに充実させていきましょう！

校内作品展示・展覧会のアイデア

48 校内作品展示を充実させる展示スペースづくりのアイデア

学校の中に，子どもの作品が展示されていると，保護者や地域の方にも作品鑑賞をしてもらえます。展示スペースを充実させ，子どもの表現が花開く学校をつくっていきましょう！

エレベーターホール

玄関ホール

渡り廊下

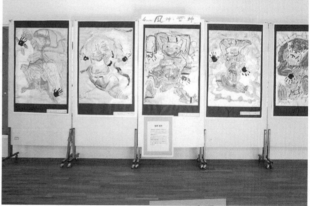
教室前廊下

ポイント

①校舎内の廊下・玄関・教室・階段などのスペースに，子どもたちの作品を展示する。
②校舎外の校庭・地域の掲示板などのスペースに，子どもたちの作品を展示する。
③学年全員の作品を展示する。大規模校なら，全員が年間に1回は展示されるようにする。

① 校舎内の廊下・玄関・教室・階段などの
　スペースに，子どもたちの作品を展示する。

　教室内や廊下に作品を展示するだけでなく，校舎内のスペースをうまく活用して作品展示をしていきましょう。例えば，右の写真のように学校の玄関ホールに展示パネルを立てて作品展示をしたり，窓のある渡り廊下に立体作品を展示したり…場の特徴を生かした展示を考え，学校に子ども一人一人の表現の花を咲かせましょう。

　他にも，トイレの壁，階段の踊り場，ホールの天井，廊下の柱…などに作品を展示することが考えられます。

玄関ホール

渡り廊下

9 校内作品展示・展覧会のアイデア

② 校舎外の校庭・地域の掲示板などの
　スペースに，子どもたちの作品を展示する。

　校舎外にも子どもの作品を展示し，保護者や地域の方々に子どもたちの表現のすばらしさを伝えていきましょう。校庭のフェンス・校門からの通路・地域の掲示板など，作品展示の可能性は広がります。

　また，風や雨で作品が破損することがないようにすることや，安全にも配慮して展示します。

校庭に，6年生のつくったゲートを展示

③ 学年全員の作品を展示する。大規模校なら，
　全員が年間に1回は展示されるようにする。

　一度に学年全員の作品を展示するのがベストですが，人数が多かったり展示スペースが狭かったりする場合は，展示の入れ替えをして全員の作品が展示されるようにします。また，あまり高いところや低いところには展示しない，名札やコメントカードをしっかりつける，作品の破損がないか気を付ける，平面作品には台紙，立体作品には土台をつける，などの展示の留意点を押さえ，展示スペースを充実させましょう。

教室前廊下

絵には額縁をつけて

校内作品展示・展覧会のアイデア

校内展覧会で子どもの作品のよさを生かす空間づくりのアイデア

空間づくりのアイデアを生かし，体育館や廊下を美術館のような空間に変えて…子どもたちの作品のよさをたっぷり味わってもらいましょう！

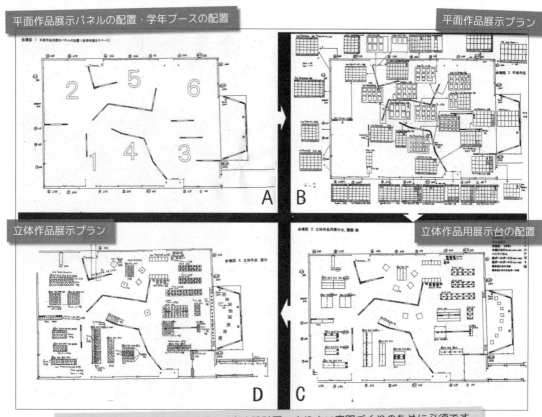

A～Dは全て100分の1サイズの手書き設計図。よりよい空間づくりのために必須です。

ポイント

①会場（体育館・廊下）の幅，高さなどのサイズを測る。
②出品作品の数や大きさ，作品の見せ方，空間の効果，導線などを考えレイアウトする。
③100分の1サイズの設計図をつくり，空間のデザインを明確にする。

① 会場（体育館・廊下）の幅，高さなどのサイズを測る。

　会場の壁面・床面・扉や窓の位置などの計測が，校内展覧会空間づくりのスタートです。メジャーを使って会場を測り，記録をとっていきます。体育館が会場なら，ステージの幅や奥行き，高さ，ギャラリーの位置を測ります。また，平面作品展示用のパネルや展示台に使う机やひな壇などのサイズも測り，記録しておきましょう。

② 出品作品の数や大きさ，作品の見せ方，空間の効果，導線などを考えレイアウトする。

　計測の次は，空間レイアウトです。子どもたちの作品のよさを生かすために以下の⑦～㋖のような点に配慮して，空間デザインを進めていきます。⑦参観者のスムーズな導線，作品が見やすい空間づくり。㋑作品の特徴に合わせた場所選び。㋒床から天井までの間，縦の空間デザイン。㋓会場の空間に奥行きをもたせる，展示パネルの配置。㋔作品に集中して鑑賞できる各学年のブースづくり。㋕共同作品の特徴に合わせた場所選び。㋖会場の入り口，入り口までのアプローチなどの空間づくり。

天井から共同作品を吊り下げて床から天井までの空間デザインを

ステージの壁際にパネルを，手前に立体作品を展示した空間利用

240cmの，背の高いパネルで間仕切りをした5年生ブース

6年「マイ・アートスペース」個人美術館の空間を1人に1つ用意

③ 100分の1サイズの設計図をつくり，空間のデザインを明確にする。

　100分の1サイズに縮小した設計図は，実際の10mが10cmの図になります。俯瞰しやすいサイズですので，参観者の導線や作品との距離，作品の大きさと壁面や展示台との関係などもよくわかります。100分の1サイズの設計図をつくり，何度も手直しをして空間づくりを進めると，パネルや展示台の配置・作品の展示方法が明確になり，学校職員への会場図の提案～共通理解～会場準備もスムーズに行えます。

校内作品展示・展覧会のアイデア

50 校内展覧会で子どもの作品のよさを生かす展示のアイデア

教師のセンスとアイデアがあれば，子どもの作品のよさを一段と生かす展示ができます！作品をどこにどのような状態で展示すればよいのか？　ここでは3つのアイデアを紹介します。

本校体育館，校内展覧会会場。下のポイントに示したように，会場内には展示の工夫が多く見られます。

ポイント

①立体作品は，他の作品と重ならないよう白いパーテーションの前に展示する。
②半立体の作品に額縁，吊り型作品用にフレームをつくるなど展示を工夫する。
③机，椅子，段ボール箱，階段などを利用してオリジナル展示台をつくる。

① 立体作品は，他の作品と重ならないよう白いパーテーションの前に展示する。

　立体作品がたくさん重なって展示されていると，一人一人の作品の形や色，表現の工夫などが見えにくくなってしまいます。

　改善策として，段ボールボードに白ボール紙を貼ってつくったパーテーションの前に作品を展示してみましょう。右の写真のように作品のよさがしっかりと伝わってきます。

ベニアパネルの中央にパーテーションを立て，裏表に合計8点の『アート・チェアー』を展示しました

② 半立体の作品に額縁，吊り型作品用にフレームをつくるなど展示を工夫する。

　半立体の作品や吊り型の作品などは，作品の形状や特徴に合わせ，額縁やフレームをつくって展示しましょう。また，光や動きの効果の必要な作品は，展示する場所の明るさ・位置などを工夫することで，作品のよさが生かせます。額縁やフレームは，小割・かわらざん・黄ボール紙などを使ってつくるとよいでしょう。

手づくり額縁

木のフレームに吊って展示

光る作品は暗い場所に展示

天井から吊り下げて展示

③ 机，椅子，段ボール箱，階段などを利用してオリジナル展示台をつくる。

　ちょっとしたアイデアで立体作品用の展示台がつくれます。右の写真は，私が実際につくったオリジナル展示台です。Ⓐは4～8台の机やいすの上にベニアパネルを乗せ，その上に白ボール紙を貼りました。Ⓑは段ボール箱に色を塗ってつくりました。Ⓒは板段ボールと波段ボールでつくりました。Ⓓは階段や棚などを利用してつくりました。工夫を凝らして，ぜひオリジナルの展示台をつくってみてください。

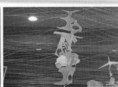

展覧会　gallery

50 ideas for guidance of arts and crafts

　子どもたち，もちろん私たち大人も＜未知への探索の旅＞の過程にいて，それぞれの「今・ここ」を生きています。

　一瞬前には，つかむことのできなかった「私」…ひとやもの・出来事との関わりからつくりだされる「世界」…一人一人がもつ…感覚や感情やイメージ…意味や価値…それら未知なる世界を探索し続け，「わかった！」「スゴイ！」と体と心を震わせ…豊かな世界を自らの内と外に創出し続けていくことが，《深く学び》《豊かに生きる》ことではないでしょうか。

　図工の授業での「今・ここ」が，子どもにとって，主体的に学び・生きる喜びを実感する場，また，生涯にわたって自らの内と外に豊かな世界を創出する力を獲得できる出会いと関わりの場となるよう…私たちは，日々の授業をつくり…つくりかえ…子どもたちと共に＜未知への探索の旅＞を続けていきます。

　いつの間にか大人になってしまった私たちですが，《私の内部に子ども性が息づいていて…子どもへの想像力・共感力をもっているか？》《私の感覚や感情の厚みはあるのか？》《想像力やイメージを生かして，新たな状況をつくりだせているか？》《制度的なまなざしや思考にとらわれず，精神の自由をもっているか？》…など，問い直しながら…私自身をつくり…つくりかえていきましょう。きっと，豊かな図工の授業づくりにつながります…。

2018年12月吉日　中村　隆介

【著者紹介】

中村　隆介（なかむら　りゅうすけ）

1959	福岡県生まれ
1981	日本大学芸術学部美術科卒業
	北九州市立大蔵中学校　着任
1983	東京都武蔵村山市立第三中学校　着任
1988	品川区立八潮北小学校　図工専科として着任
1997	東京都図画工作研究会第二期研究局長
1998	〃
2005	世界児童画展　文部科学大臣奨励賞（団体の部）受賞
2007	〃　　　　　都道府県団体賞受賞
2010	〃　　　　　文部科学大臣奨励賞（団体の部）受賞
2011	港区立芝浦小学校　着任

〈共著〉

『アートフル　図工の授業　子どもをひらく題材ノート』（日本文教出版，2012年）

『学校で用いる文具・道具の使い方早わかり』（小学館，2007年）

『造形遊びの魅力―新しい授業の展望』（日本文教出版，1993年）

本文イラスト　中村　隆介

図工科授業サポートBOOKS
用具指導から作品展示までまるごとわかる！
図画工作指導のアイデア50

2019年2月初版第1刷刊　Ⓒ著　者　中　村　隆　介
2021年7月初版第3刷刊　発行者　藤　原　光　政
　　　　　　　　　　　　発行所　明治図書出版株式会社
　　　　　　　　　　　　　　　　http://www.meijitosho.co.jp
　　　　　　　　　　　（企画・校正）小松由梨香
　　　　　　　　　　　〒114-0023　東京都北区滝野川7-46-1
　　　　　　　　　　　振替00160-5-151318　電話03(5907)6701
　　　　　　　　　　　ご注文窓口　電話03(5907)6668
＊検印省略　　　　　　　組版所　株式会社ライラック
本書の無断コピーは，著作権・出版権にふれます。ご注意ください。

Printed in Japan　　　　ISBN978-4-18-238319-9
もれなくクーポンがもらえる！読者アンケートはこちらから　→